Você sabe fazer uma boa apresentação?

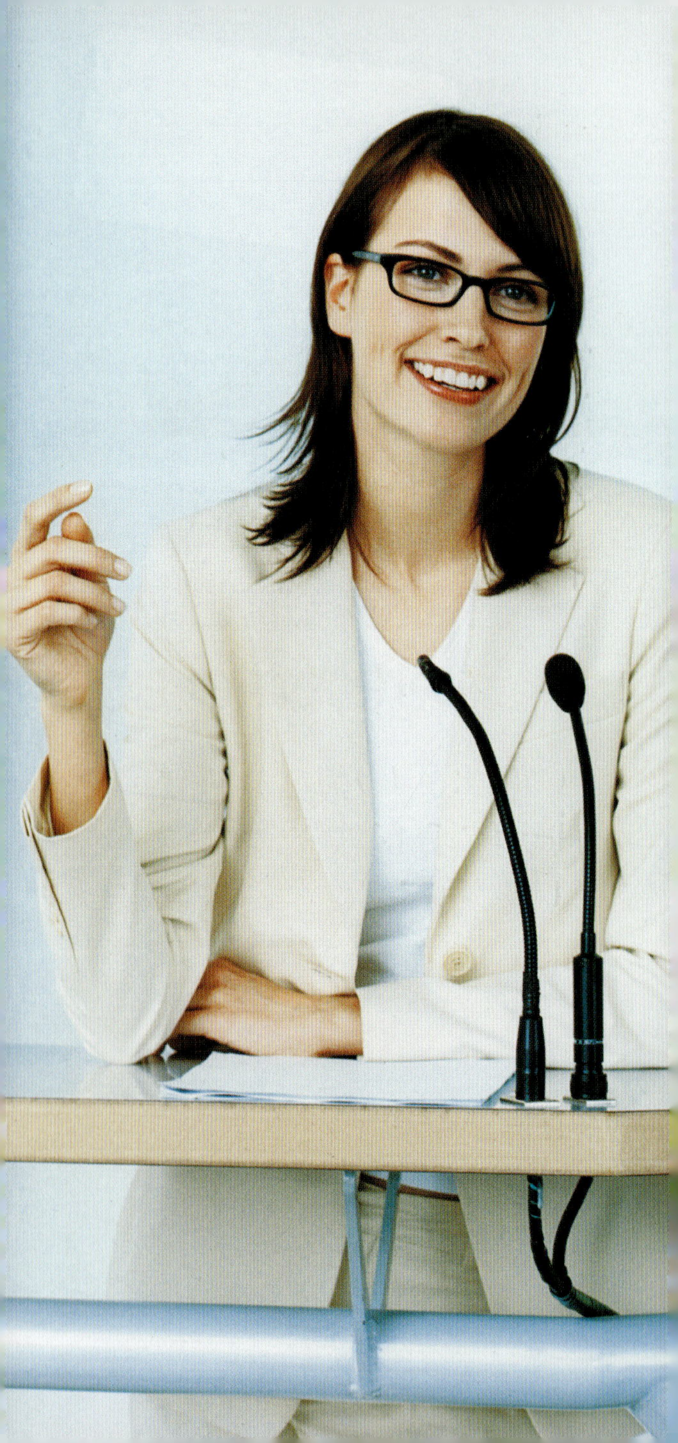

STEVE SHIPSIDE

Você sabe fazer uma boa apresentação?

Expresse-se com confiança e cause grande impacto

Editora Senac São Paulo – São Paulo – 2009

DK | Penguin Random House

ADMINISTRAÇÃO REGIONAL DO SENAC NO ESTADO DE SÃO PAULO
Presidente do Conselho Regional: Abram Szajman
Diretor do Departamento Regional: Luiz Francisco de A. Salgado
Superintendente Universitário e de Desenvolvimento:
Luiz Carlos Dourado

EDITORA SENAC SÃO PAULO
Conselho Editorial:
Luiz Francisco de A. Salgado
Luiz Carlos Dourado
Darcio Sayad Maia
Lucila Mara Sbrana Sciotti
Jeane Passos de Souza

Gerente/Publisher: Jeane Passos de Souza (jpassos@sp.senac.br)

Coordenação Editorial/Prospecção:
Luís Américo Tousi Botelho (luis.tbotelho@sp.senac.br)
Márcia Cavalheiro Rodrigues de Almeida (mcavalhe@sp.senac.br)
Administrativo: João Almeida Santos (joao.santos@sp.senac.br)
Comercial: Marcos Telmo da Costa (mtcosta@sp.senac.br)

Tradução: Peter Muds
Edição de Texto: Pedro Barros
Preparação de Texto: Maísa Kawata
Revisão de Texto: Sandra Kato e Tulio Kawata
Projeto Gráfico Original e Capa: Dorling Kindersley Limited
Editoração Eletrônica: Nobuca Rachi
Impressão e Acabamento: Dorling Kindersley Limited

Título original: *WorkLife: Perfect your Presentations*
Publicado originalmente na Grã-Bretanha em 2006, pela
Dorling Kindersley Limited, uma empresa da Penguin Random House,
80 Strand, WC2R ORL, Londres, Inglaterra
Copyright © Dorling Kindersley Limited, 2006
Copyright de texto © Steve Shipside 2006

Proibida a reprodução sem autorização expressa.
Todos os direitos desta edição reservados à
Editora Senac São Paulo
Rua 24 de Maio, 208 – 3º andar – Centro – CEP 01041-000
Caixa Postal 1120 – CEP 01032-970 – São Paulo – SP
Tel. (11) 2187-4450 – Fax (11) 2187-4486
E-mail: editora@sp.senac.br
Home page: http://www.editorasenacsp.com.br

© Edição Brasileira: Editora Senac São Paulo, 2009

Dados Internacionais de Catalogação na Publicação (CIP)
(Câmara Brasileira do Livro, SP, Brasil)

Shipside, Steve
 Você sabe fazer uma boa apresentação? : expresse-se
com confiança e cause grande impacto / Steve Shipside ;
[tradução Pedro Barros]. -- São Paulo : Editora Senac São
Paulo, 2009. -- (Dia a Dia no Trabalho)

 Título original: Worklife: Perfect your Presentations

 ISBN 978-85-7359-833-9

 1. Apresentações empresariais 2. Comunicação oral
3. Comunicação visual 4. Falar em público 5. Sucesso
I. Título. II. Série.

09-02643   CDD-658.452

Índice para catálogo sistemático:
1. Apresentações empresariais : Comunicação oral :
Administração   658.452

UM MUNDO DE IDEIAS

www.dk.com

Sumário

1 Preparação

14 Pense positivamente

16 Quem?, O quê? e Por quê?

22 Analise o local

24 Faça uma apresentação pertinente

26 Pesquise o histórico

2 O conteúdo

32 Seja breve

34 Usando o humor

36 Estruture a apresentação

38 Abertura de gambito

40 Comece pelo começo

42 Mantenha o ritmo

44 Finalize de maneira memorável

48 Preste atenção no tempo

50 O treino leva à perfeição

3 O apresentador

- **54** Vista-se para impressionar
- **58** Lide com o nervosismo
- **62** Antecipe pequenos problemas
- **64** Pratique teatro
- **66** Usando a linguagem corporal
- **68** Trabalhe o espaço da sala
- **70** Usando um microfone

4 Os suportes

- **76** Use pessoas como suporte
- **78** Usando quadros brancos
- **80** Usando *flip charts*
- **82** Usando projetores e *slides*
- **84** Usando indicadores e suportes
- **86** Usando o PowerPoint
- **94** Sons e animações
- **96** Aproveite dicas profissionais

5 O público

- **100** Reconheça as expectativas
- **102** Entre no personagem
- **104** Interaja com o público
- **108** Responda dúvidas
- **112** Lide com os chatos
- **114** Saídas
- **116** Saia com elegância

- **118 Índice**
- **120 Créditos fotográficos**

Introdução

As apresentações deveriam ser o ponto alto de seu dia a dia no trabalho. É o momento em que você se torna o centro das atenções, é sua chance de brilhar e uma oportunidade de defender suas ideias, divulgar suas opiniões e influenciar pessoas.

Esteja você discutindo ideias, solicitando fundos ou simplesmente tentando mostrar seu ponto de vista, a apresentação é a chave de toda campanha de negócios. Então por que tantas dessas oportunidades de ouro são jogadas no lixo? *Você sabe fazer uma boa apresentação?* analisa todos os ingredientes de uma apresentação realmente notável, desde a pesquisa inicial, o conteúdo, as habilidades necessárias para realizá-la e o *feedback* semanas após o grande dia. Mostra como superar o estágio do medo e conquistar um grupo de espectadores, além de dizer o que deve ser incluído – bem como o que deve ser omitido. Seja você um profissional experiente buscando adicionar brilho à sua apresentação ou um novato nervoso tentando descobrir como superar os obstáculos, encontrará aqui a informação de que precisa. Com dicas e exemplos tirados de alguns dos melhores

> **Inicie com um impacto, depois, impressione e convença a audiência**

apresentadores do mundo, este livro tem o que você precisa saber para aumentar o impacto de reuniões informais ou para adicionar um toque profissional a uma apresentação importante.

Entre os temas abordados incluem-se pesquisa e planejamento, a delicada arte do humor, a organização de seu material, como interpretar o ânimo do público e interagir de maneira eficaz com ele, e como desarmar e lidar com chatos. Trata da técnica teatral em todos os tipos de situações, de uma apresentação "acústica", sem nenhum trunfo nas mangas, a grandes espetáculos com muitos vídeos de animações e de suportes – incluindo PowerPoint, projetores ou até mesmo outras pessoas. Na maior parte das vezes, vai-se além de uma abordagem mecânica do tipo "diga às pessoas o que você dirá a elas, diga a elas e, a seguir, diga a elas o que você lhes disse", e estuda-se a melhor maneira de iniciar com algo de impacto, de conduzir e convencer, para, então, terminar com algo motivador.

Avalie suas habilidades

As questões a seguir farão você pensar a respeito de diversos aspectos de uma apresentação e devem fazê-lo se questionar, seja você um novato ou um profissional experiente. Para aproveitar ao máximo essa avaliação, complete o questionário antes de ler o livro e, novamente, após terminar a leitura, selecionando com honestidade as respostas que melhor se aplicam a você.

	Antes	Depois

1 Ao ficar sabendo que terá de fazer uma apresentação, qual sua reação imediata?
- **A** Como me livro disso?
- **B** Excelente – terei um público para demonstrar meus talentos.
- **C** Interessante – como posso me beneficiar dessa oportunidade?

2 Quando está se preparando para uma apresentação, qual é sua maior preocupação?
- **A** Qual a maneira mais fácil de resolver isso rapidamente?
- **B** Qual é a mensagem que quero passar?
- **C** Como quero influenciar o comportamento ou a atitude dos espectadores?

3 Qual o propósito de sua apresentação?
- **A** Não tenho certeza.
- **B** Transmitir a minha mensagem.
- **C** Não sei, mas sei como descobrir.

4 Como será sua pesquisa para a apresentação?
- **A** Vou pegar a pesquisa de um colega e, no caminho, coloco algo a mais.
- **B** Não será necessário pesquisar – minha apresentação já está prontinha.
- **C** Vou pesquisar um bom número de fontes, incluindo as minhas, as de meus rivais e as dos próprios espectadores.

	Antes	Depois

5. Qual a duração da sua apresentação?

- **A** Não sei.
- **B** O tempo necessário para ir do início ao fim.
- **C** Depende – posso encurtá-la ou alongá-la, dependendo do interesse.

6. Quantos pontos importantes você irá abordar?

- **A** Quantos forem os *slides*.
- **B** Todos os pontos são importantes.
- **C** Dá para contar nos dedos de uma mão.

7. Você conseguiria, caso necessário, realizar a apresentação sem usar *slides*, anotações ou suportes?

- **A** Os *slides* são a apresentação – sem eles, não há *show*.
- **B** Em teoria, sim; sei de cabeça.
- **C** Sim, pode até ser melhor desse jeito.

8. Como você irá ensaiar para esta apresentação?

- **A** Eu não faço ensaios.
- **B** Não ensaiarei – já fiz essa apresentação antes.
- **C** Um "ensaio geral" para falsos espectadores.

9. Qual das alternativas abaixo melhor descreve a estrutura de sua apresentação?

- **A** Os *slides* são numerados.
- **B** Digo a eles o que irei dizer, digo a eles e, depois, digo o que disse a eles.
- **C** Começo com algo impactante, construo a ideia e finalizo com algo motivador.

10. Qual a sua posição ideal durante uma apresentação?

- **A** No fundo da sala, controlando uma apresentação de *slides*.
- **B** Sobre um púlpito.
- **C** Movendo-me pela sala.

	Antes	Depois

11. Quando você está apresentando, o que faz com as mãos?

- **A** Nunca pensei sobre isso.
- **B** Elas ajudam a enfatizar meus argumentos.
- **C** Elas estão calmamente dobradas à minha frente.

12. Qual a importância do PowerPoint para você?

- **A** Salva a minha vida – é a apresentação inteira.
- **B** Acho-o desnecessário.
- **C** Acho que deve ser usado com moderação.

13. O que você acha de animações, vídeos e efeitos de transição?

- **A** Acho que são o máximo.
- **B** Acho que eles atrapalham a atenção.
- **C** Tudo depende da hora do dia, dos espectadores e da mensagem que quero transmitir.

14. Como você adapta suas apresentações para cada espectador?

- **A** É realmente necessário?
- **B** Agradeço aos espectadores em nome da empresa.
- **C** Adapto os *slides* e, quando apropriado, pergunto o nome dos espectadores.

Pontuação Final

	A	B	C
Antes			
Depois			

VOCÊ SABE FAZER UMA BOA APRESENTAÇÃO?

Análise
Predomínio de As

Essas respostas sugerem falta de confiança em sua técnica de apresentação e desejo de tornar a experiência o menos dolorosa possível. É importante pensar precisamente sobre os aspectos de uma apresentação que você considera intimidantes e, então, tratá-los um a um. Concentre-se em técnicas que ajudam a tornar as apresentações menos intimidantes, por exemplo deixá-las mais informais, pense nelas como uma conversa em vez de palestra e utilize suportes. Atente, porém, para não se esconder atrás de suportes: permaneça visível.

Predomínio de Bs

Você é confiante – até mesmo entusiástico – em suas apresentações. Entende que esta é sua chance de brilhar e pretende aproveitar ao máximo a oportunidade. Há um risco, contudo, de focar-se demais em si mesmo e em sua mensagem e esquecer-se dos espectadores. É possível que esteja interessado no lado técnico de como causar mais impacto em suas apresentações, contudo seria mais interessante redirecionar seu foco para entender os espectadores.

Predomínio de Cs

Reflete um enfoque sofisticado nas apresentações, em que o resultado, mais do que o desempenho, é seu objetivo. Cuidado, porém, para não se sacrificar totalmente – apesar de o tanto que os espectadores aprendem ser a definição de uma boa apresentação, se você não conseguir brilhar, estará perdendo uma excelente oportunidade. Pense em trabalhar algumas técnicas de apresentação deste livro.

Conclusão

Se esta foi a primeira vez que você fez essa autoavaliação, tenha em mente a análise do resultado enquanto lê o livro. Dê atenção especial às áreas destacadas pelas suas respostas, assim como às dicas e técnicas – isso irá ajudá-lo a diminuir a quantidade de respostas "As" da próxima vez e a atingir uma combinação melhor de "Bs" e "Cs". Após ler o livro e colocar as técnicas em prática, experimente responder de novo as perguntas do teste. Se responder com honestidade, você será capaz de avaliar seu progresso.

1 Preparação

Esteja você lendo este livro porque já é um veterano que quer melhorar as apresentações, ou alguém prestes a fazer sua primeira apresentação e quer reprimir qualquer sensação de nervosismo, este capítulo vai ajudá-lo a aprimorar sua apresentação e fará todas as perguntas que você precisa responder a fim de se preparar adequadamente. Ele vai mostrar-lhe como:

- Definir seus objetivos
- Responder as três perguntas cruciais: Quem?, O quê? e Por quê?
- Aproveitar ao máximo o espaço
- Fazer sua pesquisa com perfeição

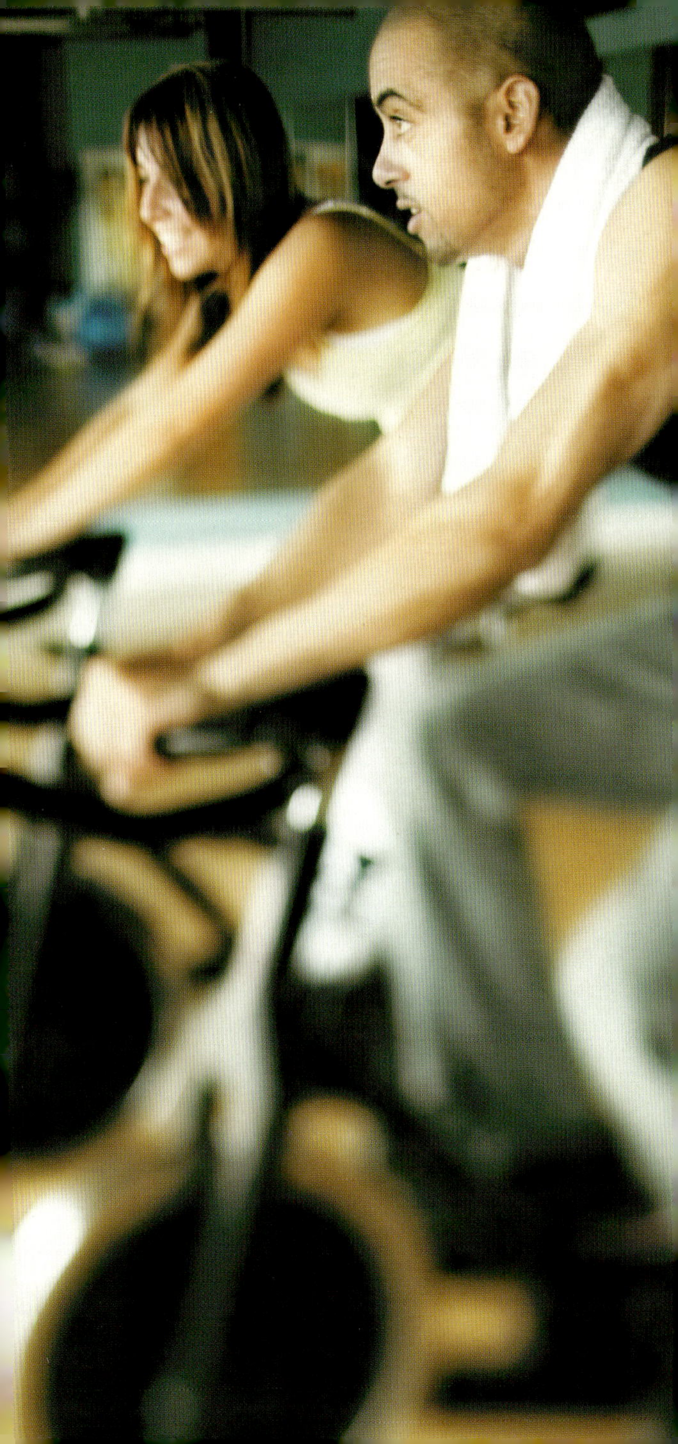

Pense positivamente

Algumas pessoas adoram fazer apresentações, pois as veem como uma oportunidade de brilhar – a plataforma perfeita para influenciar os outros. Para muitos, contudo, a primeira reação é indagar: "Como me livro disso?"

Avalie os benefícios

Há sempre algo mais em jogo numa apresentação do que seu propósito declarado. Pense nos diferentes tipos de benefícios que você poderá obter de uma apresentação bem planejada. Pode haver várias maneiras de vencer.

- Financeiros: isso pode incluir levantar fundos, batalhar por melhores orçamentos ou persuadir investidores.
- Influência: esteja vendendo uma visão de mundo, um ideal político ou uma política de empresa, a apresentação é sua principal arma para conquistar corações e mentes.
- Elogios: quando se fala de prestígio corporativo ou pessoal (e os dois podem ser o mesmo quando uma empresa é representada por um orador), esta é sua chance de se destacar e ser respeitado.
- Satisfação individual: você não precisa sair dando socos no ar, mas toda boa apresentação deve deixá-lo com uma sensação de orgulho pelo seu desempenho.

> **Pense no porquê e em como você está apresentando**

Tenha benefícios pessoais

É normal ficar intimidado com a ideia de se levantar e ser o centro das atenções, mas, se você pensar apenas em se livrar logo de sua apresentação, corre o risco de perder a atenção dos espectadores e desperdiçará uma boa oportunidade de autopromoção. Para ajudá-lo a manter o foco, comece anotando num papel os cinco principais objetivos, precisamente quais pessoas você espera impressionar e com qual mensagem quer que elas saiam. Se não souber quem são essas pessoas, então siga lendo este livro para aprender sobre Quem?, O quê? e Por quê? das apresentações.

Transmita as mensagens corretas

A fim de compreender melhor a importância de uma apresentação, imagine o que o ato de não a fazer pode dizer sobre você. Ao evitar apresentações, pode estar transmitindo mensagens como:

→ Não compreendo meu trabalho bem o suficiente para explicá-lo
→ Não sou muito confiante e/ou competente
→ Não sou um bom comunicador
→ Prefiro ser deixado de lado para que outros se sobressaiam
→ Prefiro não ter oportunidades de conhecer melhor e impressionar meus superiores

Você diria algo assim numa entrevista de emprego? Contrataria alguém que o fizesse? Todo mundo, em algum momento, já se preocupou com um ou mais desses pontos, mas não há necessidade de divulgar o fato. Em vez disso, utilize este livro para transformar suas fraquezas em virtudes e maximizar a força de sua apresentação.

Dê a si mesmo um propósito

Determinar objetivos é importante porque cumpre duas funções. Há um benefício prático – ao definir suas metas, você dá o primeiro passo para iniciar os processos de pesquisa e preparação, assim como para atingi-las. Mas há também um elemento psicológico, simples mas poderoso. Ter um objetivo significa que você acabou de transformar alguém pensando (provavelmente com relutância) sobre o processo de uma apresentação em alguém motivado por seu propósito. Basta isso para ajudá-lo a ser um orador mais decidido.

DICA Fixe objetivos específicos. "Ficar bem" é muito vago. Mas, "impressionar o diretor com o que sei sobre os produtos da concorrência", é um objetivo claro.

Quem?, O quê? e Por quê?

Para iniciantes, uma apresentação resume-se à dicotomia "eu" e "eles". Para especialistas, entretanto, há muito mais em jogo: eles conseguem se imaginar entre os espectadores, assistindo à sua própria palestra.

Reconheça todos os papéis

Com certeza, você sabe quem você é, mas pense sobre quem você é para os espectadores. É o especialista? O concorrente? Um animador? Imagine-se sentado entre eles e tente pensar o que você representa ali. Quando estiver ciente de seu próprio papel, pense o mesmo sobre os espectadores. Quanto sabe deles? Tente responder as perguntas a seguir; elas deverão influenciar a maneira de você conduzir a apresentação:

- Quantos espectadores há na apresentação?
- Qual o nível hierárquico deles na empresa ou organização (isso se aplica tanto numa reunião de pais e mestres numa escola como no encontro anual de uma empresa multinacional)?
- Quais são os valores deles?
- Qual o conhecimento deles?

Estudo de caso: compreendendo todos os pontos de vista

Karla, gerente de projetos de uma empresa de engenharia, estava com dificuldades para conseguir que suas equipes de *designers* e de engenheiros compreendessem os pontos de vista uns dos outros. Decidiu realizar uma atividade: contou a eles o que pretendia oferecer ao cliente e, então, solicitou aos *designers* que tentassem fazer as perguntas que os engenheiros poderiam levantar, e, aos engenheiros, que perguntassem o que achavam que poderia ser colocado pelos *designers*.

- *Como a equipe de designers se esforçou para compreender os aspectos práticos do produto e a de engenheiros tentou corrigir a criação, ambas as equipes adquiriram uma ideia mais honesta sobre a função e o ponto de vista da outra.*
- *Karla, ao escutar a troca de ideias e observar suas equipes chegando a um entendimento a respeito de suas funções, aprendeu que um exercício de pensamento lateral pode unir as pessoas.*

TÉCNICAS *para* praticar

Descubra como você será cobrado e ensaie sua introdução.

Transforme-se em algo tridimensional, tanto pessoal quanto profissionalmente.

1 Pense nos pontos que você quer abordar e diga-os em voz alta. Pratique até que sua fala soe natural.

2 Fale um pouco de si: se for relevante, apresente-se falando sobre sua família e amigos.

3 Lembre os espectadores de que você também faz parte do público, assim como os consumidores deles.

4 Inicie contando uma breve anedota que demonstre sua experiência e ponto de vista: suas qualificações para apresentar.

- Qual o interesse deles?
- Por que eles acham que estão lá?
- Para qual finalidade eles acham que você está lá?

Obtenha informações privilegiadas

Se você não souber a resposta a essas perguntas, tente descobri-las. Uma troca de *e-mails* breves ou um simples telefonema podem ajudar a tornar a apresentação mais relevante para todos. Uma das maneiras mais rápidas de se ter uma ideia de como funciona uma empresa (incluindo a sua) é dar uma olhada em seu *site*. Em geral conterá informações sobre acionistas, *releases* de imprensa e, possivelmente, até perfis da equipe. É provável que haja também uma "declaração de missão" resumindo quais devem ser os objetivos oficiais ou o etos da empresa. É bom estar ciente de que esta declaração poderá ser desconhecida pela maioria dos funcionários, mas ela costuma proporcionar um sorriso forçado e irá ajudá-lo a saber mais sobre como a empresa se vê e quais são seus objetivos.

DICA Selecione espectadores-chave e ajuste sua apresentação para atraí-los.

QUEM?, O QUÊ? E POR QUÊ?

Pergunte "Por quê?"

Frequentemente, o motivo para espectadores e apresentador se reunirem é porque alguém mandou. Ninguém, de nenhuma das partes, pensou nas razões desse encontro. Na verdade, pode haver diversas razões para uma apresentação, e, ao selecionar o material que utilizará, o "por quê?" terá grande influência no "o quê?". Se você for a estrela principal, então já sabe por que irá fazer a apresentação pois, provavelmente, comunicou suas ideias antes. Isso não significa que basta fazer o mesmo discurso, repetindo todo o texto – ainda é válido passar pelo questionário do "por quê?" a fim de ver se algo mudou desde a última vez.

Seja original

Até estrelas, de vez em quando, precisam se precaver, e é aí que perguntar "por quê?" pode evitar um problema sério. Celebridades não comparecem a um grande evento sem antes, discretamente, verificar se os amigos e rivais não estarão vestindo a mesma roupa que eles. Da mesma forma, um

Crie um elo Lembre-se de que é o elo que você cria com os espectadores que o torna um orador bom ou, até mesmo, ótimo.

Compreenda seu papel

Antes de preparar sua apresentação e ajustá-la para o público a quem você se dirigirá, há algumas perguntas que você deve fazer-se sobre seu papel:

- → Estou aqui para modificar uma ideia?
- → Vou fazer um discurso motivador?
- → O que espero influenciar os espectadores a fazer?
- → Estou trazendo informações novas a eles?
- → Estou aqui para justificar minha posição (ou de minha empresa)?
- → Sirvo como réplica à apresentação de alguém?
- → Estou aqui para substituir alguém ou para preencher o tempo?
- → Qual minha relação com os outros palestrantes?
- → Estou aqui para desafiar as ideias de outra pessoa?
- → Sou mais entretenimento do que aprendizado?

Se você não for a estrela e não tiver um papel definido, sinta-se livre para relaxar e fazer a apresentação da melhor maneira possível.

palestrante experiente não está interessado apenas em quando fará sua apresentação; ele examina quem vem antes e depois, e descobre (ou pelo menos tenta imaginar) qual é o "por quê?" de cada uma daquelas apresentações. Se o seu assunto ou tema se sobrepõe a outro, não há problema se você for o primeiro a se apresentar. Contudo, se for o segundo a falar sobre o mesmo assunto ou com o mesmo conteúdo motivador, é imprescindível saber, antes, como seu predecessor abordou o tema. Se não houver grandes diferenças, sua mensagem simplesmente se mesclará com a dele e acabará sendo esquecida.

> **O público só presta atenção se você souber exatamente o que quer falar.**
> Philip Crosby

Pergunte "O quê?"

Se você respondeu "quem?" e "por quê?", então já está mais de meio caminho andado para saber "o quê?" – os ingredientes essenciais de sua apresentação. Se o "por quê?" de sua apresentação for aprendizado, dê uma olhada em suas respostas a "quem?" antes de juntar informações relevantes para o nível de seu público. Não se esqueça de que, mesmo para os espectadores mais inteligentes, não será fácil lembrar mais de três ou quatro pontos-chave de uma apresentação. Se o "por quê?" for essencialmente ligado a vendas, é lógico que não se deve deixar de reunir informações úteis, mas não se esqueça de que seu desempenho é mais importante do que quaisquer detalhes factuais.

Junte "Quem?" e "Por quê?"

Retorne à pergunta "quem?" e elabore um tema que seja interessante para aquelas pessoas. Se o "por quê?" for entretenimento ou servir como um aquecimento para outro palestrante, você precisará diminuir a quantidade de informações e, em vez disso, se concentrar em anedotas ou suportes audiovisuais relevantes para abrilhantar sua apresentação. Se não houver "por quê?", por você estar apenas fazendo número ou preenchendo um horário vago, retorne à pergunta "quem?", pergunte-se como poderia se beneficiar ali e a melhor maneira de fazer isso. Quando não houver uma pauta fixa, sinta-se livre para escolher uma apropriada para si mesmo. Tenha em mente que, mesmo que seu objetivo principal seja mostrar-se, você ainda tem de massagear a mensagem para que interesse e cative os espectadores.

---

5 em apenas MINUTOS

Se a única solução for pegar emprestada a apresentação de um colega:

- Certifique-se de que seus espectadores não a viram antes.
- Certifique-se de que você realmente conhece o conteúdo.
- Personalize-a com cuidado para incluir o máximo que puder de seu próprio material.

Estudo de caso: adaptando para cada plateia

Ramesh, um especialista em tecnologia que tinha de falar para um grupo de jornalistas, apareceu com uma apresentação com 67 *slides* sobre a importância do novo serviço oferecido. A mesma apresentação funcionou bem, internamente, com funcionários que não conheciam o assunto. Os jornalistas, porém, não eram espectadores cativos como os colegas de empresa de Ramesh, portanto ainda precisavam ser convencidos de que o serviço era interessante. Queriam apenas ter uma breve ideia do que havia de instigante e novo naquilo. Como logo percebeu que o "por quê?" para esse grupo era dramaticamente diferente, Ramesh desligou o projetor, sentou-se entre eles para explicar, em linguagem simples, por que achava que o novo serviço era importante.

*   *Para os espectadores, modificar a apresentação no meio foi uma indicação clara de que Ramesh pretendia suprir as necessidades deles.*
*   *Ramesh aprendeu que, mesmo que a apresentação seja boa, ela não servirá para todos os grupos de espectadores. O grupo apreciou seu esforço e escutou com atenção o que ele tinha para dizer.*

Faça sua lição de casa

Apresentadores relutantes são com frequência tentados a pegar emprestada a apresentação de um colega, o que, aparentemente, faz sentido: se funciona para eles, funciona para mim – e assim não se é mais obrigado a fazer a lição de casa. Resista à tentação. A apresentação de outra pessoa terá as respostas dela a "quem?", "por quê?" e "o quê?". No melhor dos casos, você ficará parecendo uma sombra piorada do outro – um clone corporativo. No pior, ficará distante de seus objetivos e acabará perdendo o fio da meada por não conseguir lembrar a sequência lógica dos argumentos. Sem dúvida, é possível intercambiar *slides*, dados e anedotas com colegas, mas encaixe-os na estrutura de sua própria apresentação e adicione alguns toques individuais. Nunca use a mesma apresentação por inteiro.

DICA Se alguém desistiu de se apresentar, descubra o motivo antes de aceitar substituí-lo.

Analise o local
A verificação prévia do local irá valer muito a pena, pelo menos para garantir que você e os espectadores irão para o mesmo lugar e que você entrará na sala sabendo que ela está preparada para suas necessidades.

Faça sua pesquisa
Familiaridade gera negligência; logo, se o local da apresentação for uma sala ao lado de onde você trabalha, provavelmente gastará menos tempo verificando-a do que se fosse um auditório em outra cidade. Esse é possivelmente o motivo pelo qual quem realiza palestras dentro da própria empresa acaba empoleirando-se no canto errado da mesa (o canto que por acaso era próximo à única tomada), enquanto os diretores ficam amontoados próximos à porta, onde são repetidamente interrompidos por pessoas chegando atrasadas.

Verifique o lugar

Não importando quão bem você acha que conhece o local da apresentação, dedique um tempo para vê-lo com antecedência a fim de verificar alguns detalhes fundamentais. Sua *checklist* deve incluir:

→ Onde ficam as tomadas?
→ Há um *flip chart*/um quadro/uma lousa?
→ Há cadeiras suficientes?
→ Há ar-condicionado?
→ Há um telefone? Se sim, é possível garantir que ele não vai tocar?
→ Alguém chegando atrasado passará na frente da apresentação?
→ Se for utilizar um projetor, a sala pode ser escurecida?
→ Você sabe exatamente como chegar lá?
→ E os espectadores?
→ Algo pode confundi-los? Um mapa poderia ajudá-los?

Visite o lugar Se for possível visitar o lugar antes da apresentação, faça-o. Isso o ajudará a identificar vantagens e desvantagens.

Acredite que é possível improvisar

Suponha que, no último instante, alterem o local de sua apresentação para uma sala ou prédio diferente. Você acredita que ainda teria tudo de que precisa para se apresentar? Pense no que faria caso a sala não pudesse ser escurecida para um *slideshow* ou as tomadas não estivessem funcionando. Tente imaginar a apresentação sendo realizada num ambiente informal – numa mesa de restaurante, por exemplo. Saber que tem um plano B e que pode realizar a apresentação sem suportes é uma boa maneira de adquirir confiança, já que se torna capaz de lidar com qualquer problema que porventura surja.

DICA Diversas apresentações ocorrem em redes de hotéis. Telefone antes e certifique-se de ir ao hotel correto.

Faça uma apresentação pertinente

Para conquistar o que você espera de uma apresentação, o público deve receber o que quer. Bons palestrantes, assim como bons vendedores, primeiro descobrem o que os clientes querem para então oferecer isso a eles.

Ofereça incentivos

Às vezes é necessário, antes de tudo, dizer aos "consumidores" que eles querem o que está sendo oferecido, mas o princípio é o mesmo: se você quer que alguém preste atenção, devem-se esclarecer quais serão as vantagens. Volte às perguntas "quem?" e descubra quais são os indivíduos-chave ou grupos-chave entre os espectadores. Agora tente imaginar o que eles estão mais ansiosos para conquistar, modificar ou resolver. Retorne ao rascunho de sua apresentação e analise-o, pensando o que vai satisfazer cada um dos interesses daquelas pessoas. Seja específico: você pode estar exibindo um novo serviço ou produto fabuloso, mas lembre-se de que o fator "como me beneficiarei disso?" para investidores em potencial, por exemplo, não é o mesmo que para usuários em potencial. Se descobrir que não conseguirá suprir as necessidades do público com seus argumentos, é preciso retornar à fase de planejamento e pensar em maneiras de realizar isso.

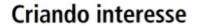

Criando interesse

Comece perguntando ao público o que lhes interessa (você já deveria saber a resposta)

⇩

Diga que o assunto que será abordado é diretamente relacionado àquela necessidade ou medo

⇩

Exponha seus argumentos, relacionando-os às necessidades dos espectadores

⇩

Conclua dizendo que o que eles agora sabem os deixa mais próximos de atingir a meta inicial

Enfrente os medos dos espectadores

Há muitos fatores que influenciam o comportamento humano, mas uma generalização cínica, porém precisa, pode reduzi-los a apenas dois: medo e ambição.

Em geral, pode-se dividir o medo em dois grupos: o medo das pessoas a respeito de seus negócios e empresas e o medo no que se refere a si. O aspecto "ambição" é o outro lado da mesma moeda – a ideia de que, tendo mais informações, é possível adquirir uma vantagem competitiva. Esses são os fatores a serem considerados caso você queira deixar o público envolvido. Não é necessário falar abertamente sobre medo ou ambição durante a apresentação – é até melhor não o fazer –, mas saber que eles estão presentes representará vantagem à sua apresentação.

Medos gerais *versus* medos pessoais

MEDOS GERAIS
- Medo de não reconhecer uma nova tendência de mercado pode fazer a empresa ficar para trás e perder espaço para a concorrência.
- Medo de os concorrentes estarem mais bem informados e que, devido a esse conhecimento melhor e mais amplo, eles tenham melhor desempenho.
- Medo de não resolver um problema, gerando gastos à empresa e tornando inviável o projeto.

MEDOS PESSOAIS
- Medo de que não estar pessoalmente atualizado com as tendências permitirá que os colegas o deixem para trás.
- Medo de, se ficar para trás no conhecimento do mercado, não ser capaz do defender com eficácia o orçamento de seu departamento.
- Medo de, se não participar de todas as reuniões, não ser capaz de justificar suas despesas.

DICA Todos são ansiosos e empolgados sobre o futuro. Aprenda a prevê-lo para eles e, com certeza, você arrebatará os espectadores.

FAÇA UMA APRESENTAÇÃO PERTINENTE

Pesquise o histórico

Assim como é importante conhecer bem o que está sendo apresentado, o bom palestrante vai além e verifica o histórico da empresa e dos espectadores. Ter um excelente conhecimento do negócio do público transforma uma apresentação apenas adequada em uma realização incrível.

Conheça seu material

Certifique-se de que conhece bem os dados que irá utilizar caso cite datas, números, valores ou eventos. Números logo ficam desatualizados, então verifique na fonte, pouco antes da apresentação, se há uma nova versão. Se você não for o único palestrante, pergunte aos outros o que irão apresentar. Não acredite que é possível saber tudo a partir do título da apresentação ou porque já os viu apresentarem antes – eles também podem estar lendo este livro e renovando suas apresentações! Se seus colegas de palco são de outras empresas, telefone para eles e diga que está interessado em saber o que consta em suas apresentações porque não deseja repetir temas. Sonde entre os colegas de sua empresa se alguém já os viu apresentando antes.

> **Até um tema familiar deve ser sempre revisto**

---

use a CABEÇA

!

Mesmo que você tenha memorizado todos os fatos, esteja pronto para reforçá-los a fim de tornar sua apresentação realmente impressionante

O tempo pode ser limitado, mas, caso utilize números, esteja pronto para explicar exatamente por que é maior/menor/mais rápido/mais barato do que jamais foi. Esteja preparado também para dizer quanto algo é maior/mais caro/mais pesado. Não basta você saber – seus espectadores devem saber que você sabe.

DICA Não seja tímido. Se tiver uma oportunidade de falar com espectadores-chave antes da apresentação, pergunte-lhes o que exatamente esperam ouvir de você.

Conheça o negócio dos espectadores

Preocupe-se em descobrir para quais empresas e pessoas você se apresentará. Descubra quais são as áreas de interesse e as metas e como estão indo (bem ou mal). Ninguém trabalha no vácuo, e muitas informações – particularmente as de seu próprio segmento – são bastante fáceis de serem obtidas. Portanto, busque informações sobre os concorrentes com as empresas para as quais irá se apresentar, assim como informações sobre as próprias empresas, e veja se há algo que possam informar para ajudá-lo.

Se a apresentação for parte de uma conferência, haverá um organizador com uma lista de participantes e o motivo de estarem lá – e isso será um belo atalho para o que você deseja saber. Peça para vê-la. Descubra quem são os espectadores-chave, a partir de conversas informais ou até mesmo conversando diretamente com eles. Pelo menos, isso criará um ponto de contato com o público que pode ser usado a seu favor.

Descubra o fator "e daí?"

Procure saber por que o público se importará com seus argumentos.

> Para cada declaração da apresentação, imagine alguém dizendo "e daí?"

⇩

> Pense em como irá explicar por que achou que era importante incluir aquilo

⇩

> Saiba claramente por que aquele fator que ocasionou o "e daí?" aplica-se ao negócio deles

⇩

> Se não puder responder à pergunta "e daí?", pense na possibilidade de deixar de lado aquele argumento

PESQUISE O HISTÓRICO

Informação na ponta dos dedos

A internet é uma fonte fenomenal de informações para apresentações, esteja você procurando fatos, anedotas, humor, imagens ou mesmo sons e vídeos.

Um *site* de empresa é o primeiro lugar para se procurar declarações, incluindo informações de acionistas, *releases* de imprensa e catálogos de produtos, mas há uma enormidade de outros *sites*. Descobrir o que uma empresa prefere dizer sobre si mesma e comparar isso com o que sai na imprensa é uma fonte rica de material para apresentações.

→ Verifique as datas do material que você planeja usar. Como a *web* disponibiliza materiais de vários anos atrás, é necessário ter certeza de estar atualizado.
→ Jornais frequentemente oferecem versões *on-line*, com arquivos que podem revelar artigos sobre indústrias e empresas.
→ Colocar palavras-chave na busca do Google (www.google.com) indicará a você artigos recentes, de várias publicações, que vão ajudá-lo a ampliar seu ponto de vista.

A maior parte das grandes publicações de negócios também tem seus próprios *sites*, mas alguns conteúdos exigem uma mensalidade. Se descobrir algo interessante, mas não quiser fazer a assinatura na hora, selecione algumas palavras-chave sobre o tema e tente procurá-las em outros jornais – pode-se, ao menos, ler a manchete do artigo sem ter de pagar nada. Bons locais para se iniciar são:

→ *The Economist* – http://www.economist.com
→ *Forbes* – http://www.forbes.com
→ *Fortune* – http://money.cnn.com/magazine/fortune
→ *Exame* – http://portalexame.abril.com.br
→ *Valor Econômico* – http://www.valoronline.com.br
→ *Você S.A.* – http://vocesa.abril.com.br/home

> **A informação é o oxigênio da era moderna. Ela atravessa cercas de arame farpado. Ela passa flutuando sobre muros eletrificados.**
>
> Ronald Reagan

PREPARAÇÃO

Olhe ao seu redor

A fonte mais rica, e menos usada, de informações vitais para apresentações são outras pessoas, tanto as que estão a seu redor como os próprios espectadores. Dentro do escritório ou em seu círculo de amigos e conhecidos há uma vasta quantidade de experiências com apresentações – boas e ruins –, assim como um bom conhecimento de seus espectadores e rivais. A maioria das pessoas gosta de falar sobre si; então por que não convidar os que apresentaram antes, ou viram seus rivais falando, para tomar um café em troca de cinco minutos de sabedoria?

Encontre os especialistas

Há uma publicação comercial para o segmento em que você trabalha – uma revista ou jornal exclusivamente dedicado a seu negócio? Caso sim, telefone para lá e descubra se existe algum especialista no seu campo de atuação. Especialistas podem compartilhar *insights* valiosíssimos a respeito de espectadores em potencial; mesmo que não o façam, simplesmente mencionar o nome deles garantirá a atenção do público.

Informe-se antes Vá direto à fonte para obter informações, seja entrevistando especialistas ou fazendo uma pesquisa exaustiva sobre seu tema.

2
o conteúdo

Conteúdo não é apenas o filé-mignon de uma apresentação, ele pode também fazer toda a diferença em uma palestra caso se esteja buscando um momento de sucesso. Se o conteúdo de sua apresentação for correto, bem estruturado e organizado, você terá dado um belo passo para afastar o medo da estreia. Neste capítulo, você aprenderá a:

- Ser breve, impetuoso e objetivo
- Fazer rir sem ser ridículo
- Organizar seu material de maneira que você e os espectadores se lembrem dele
- Começar com algo de impacto para conquistar a atenção
- Terminar com uma observação de impacto, de maneira que os espectadores fiquem pensando no que disse por um bom tempo
- Praticar até atingir a perfeição

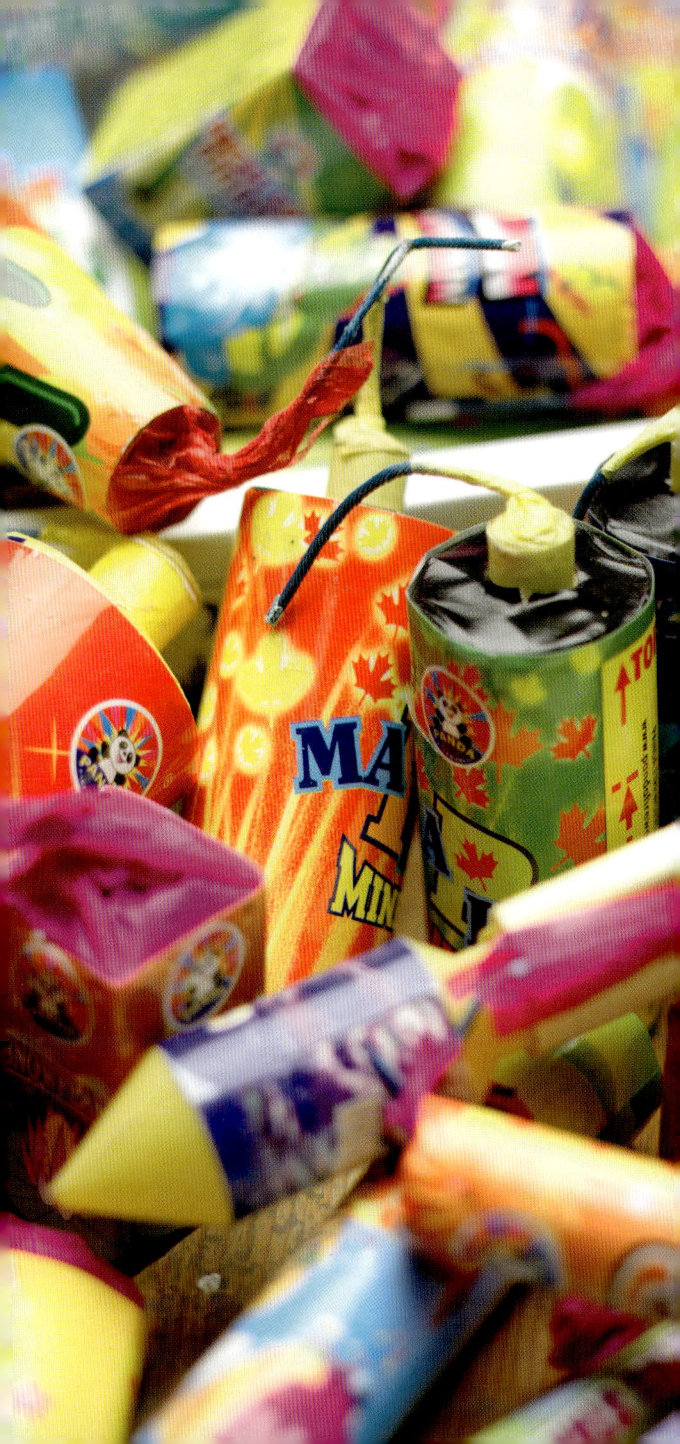
MA
PANDA

Seja breve

Há uma piada antiga sobre um orador que começa dizendo: "Peço desculpas por fazer um discurso tão longo hoje, mas não tive tempo de escrever um curto." O tempo para planejar uma apresentação sucinta ou uma longa é o mesmo.

Mantenha o foco

Uma apresentação organizada e concisa sempre será muito mais eficiente do que uma dispersiva. O erro mais comum é que as pessoas tentam colocar o máximo possível de informações numa palestra. Em apresentações, menos é mais, pois:

> Em apresentações, menos é, de fato, mais

- O número máximo de pontos-chave que um grupo de espectadores pode assimilar e lembrar-se depois é quatro ou cinco. Mais do que isso irá apenas diluir seu argumento.
- Apesar de serem situações formais, apresentações são um exercício de oratória, e os discursos tendem a ser muito mais simples e objetivos do que por escrito. Pegue um documento formal e leia-o alto, logo descobrirá que ele soa prolixo e empolado. Escreva uma apresentação como se fosse um documento, em vez de uma conversa, e terá o mesmo efeito.
- Ser breve significa que será difícil você perder o foco ou esquecer-se do que vem na sequência.

Foco na mensagem

ALTO IMPACTO	IMPACTO NEGATIVO
• Usar linguagem direta e usual	• Usar muitos termos técnicos ou jargões incompreensíveis
• Manter as mensagens curtas, diretas e fortes	• Usar clichês e discurso de *marketing* tedioso e prolixo
• Manter a apresentação bem estruturada e objetiva	• Emprestar frases elaboradas de *folders* de empresas

O CONTEÚDO

> ## use a
> # CABEÇA
>
> **Se você perceber que há muitos pontos importantes para abordar e está sofrendo para excluir alguns, anote cada ponto em uma folha de papel separada.**
>
> Embaralhe-os, feche os olhos e selecione aleatoriamente um ou dois. Então veja quais pontos sobraram e analise se a apresentação pode sobreviver à perda. Se retirar um ponto não deixa uma lacuna ou omissão óbvia, elimine-o.

- Nenhum grupo de espectadores jamais reclamou de ser liberado antes para um *coffee break*.

Brevidade não se aplica apenas à duração total de uma apresentação. "Breve" também é um adjetivo agradável quando ligado a sentenças ou palavras individuais. Toda sentença deve ser pronunciada num só fôlego; você deve ser capaz de falar com clareza, sem pausas e sem ter de organizá-la em sua cabeça. Observe suas anotações, verificando se há muitas palavras com mais de duas sílabas; caso sim, pergunte-se se não há uma maneira mais curta, mais direta, de comunicar sua mensagem.

Seja natural

Não tenha medo de ser você mesmo. Ao escreverem apresentações, as pessoas costumam achar que parecerão mais cultas ou poderosas se salpicarem seus discursos com uma linguagem imponente, frases de efeito ou termos técnicos. Isso pode soar artificial, prolixo ou, até pior, pretensioso e antipático. Na verdade, os melhores oradores, em geral, usam a linguagem mais simples possível, pois isso causa efeito mais direto. Ao ler alto sua apresentação, pergunte-se se usaria aqueles termos e frases caso estivesse conversando com pessoas numa situação cotidiana. Caso não, altere a linguagem.

Usando o humor

Um toque de humor é maravilhoso e pode melhorar uma apresentação, ao mesmo tempo em que possibilita aos espectadores lembrarem-se dela. Mas há uma grande diferença entre adicionar um pouco de humor e contar uma piada.

Não perca o fio da meada

Nem mesmo humoristas profissionais contam uma piada gratuita. Eles têm um ritual para aquecer a plateia ou outras ações que ajudam a criar o clima antes de iniciar uma história que, por fim, levará à piada. Apresentadores em jantares aguardam que as pessoas terminem sua refeição cheia de delícias antes de se arriscarem a contar piadas. Como apresentador, sua tarefa é fazer os espectadores prestarem atenção nos pontos-chave. Assim, mesmo que conte brilhantemente uma piada e cause gargalhadas, você estará apenas os distraindo, a não ser que a piada esteja diretamente relacionada a seus argumentos.

Humor adequado funciona
Se decidir utilizar humor em sua apresentação, que seja leve, adequado ao assunto e fácil de agradar.

Estudo de caso: aproveitando uma tirada

Ray, um gerente de relações públicas, sentiu que o humor seco que ele usava em suas apresentações estava se tornando cansativo. Assim, iniciou a apresentação com um *slide* trazendo uma citação do humorista H. L. Mencken: "A relação entre um jornalista e um político deve ser a mesma de um cachorro com um poste." A frase causou uma gargalhada incrível.

- *O humor funcionou melhor do que as piadas secas usuais de Ray, pois ele não precisou ler alto o slide, mas apenas deixar a mensagem ser absorvida pelo público.*
- *Ao relaxar os espectadores com um humor leve, a apresentação de Ray começou bem e assentou as bases para uma interação entusiasmada do grupo.*

Pense em maneiras de acrescentar um toque de humor ao que será dito. Aproveitar tiras de quadrinhos ou citações apropriadas e divertidas de humoristas famosos é muito fácil e útil, além de ser bem menos arriscado do que contar piadas. O melhor a fazer é contar anedotas, pois, diferentemente de piadas, podem servir para mais de um objetivo. Uma anedota realmente boa não apenas dá um toque de humor, como também ajuda a ilustrar uma situação do dia a dia. Dessa forma, o argumento continua forte mesmo que o humor não funcione.

Evite humor forçado

Uma apresentação sem humor, mas objetiva, é preferível a uma em que o apresentador está claramente desesperado para fazer os espectadores rir. Se você não for um humorista nato, não tente parecer um. Em situações em que o humor é realmente essencial, como palestras motivacionais, pense em como fazer os profissionais contarem piadas em seu lugar. Um *slide* com quadrinhos, uma imagem bonita ou uma citação podem amenizar o tom sem que haja a necessidade de uma habilidade específica.

DICA **Não se arrisque com uma piada de mau gosto. O estrago entre aqueles que considerarem a piada ofensiva será muito maior do que alguns sorrisos.**

Estruture a apresentação

A grande verdade em apresentações é que primeiro se diz o que será dito. Então se diz. E por fim se diz o que foi dito. É uma técnica bastante utilizada e que funciona, mas exige habilidade.

Seja claro

Uma apresentação bem estruturada envolve muito mais do que apenas repetir a mesma coisa três vezes. Deve consistir em:

- **Começar com um impacto**
  Antes mesmo da introdução, você deve causar uma primeira impressão impactante para garantir a total atenção do público.
- **Uma introdução** Não basta dizer quem você é e sobre o que falará, mas as razões para o público prestar bastante atenção em você e em seus argumentos.
- **Os pontos-chave** Se você seguiu os conselhos das seções anteriores, deve ser fácil lembrar e falar deles, pois são poucos. Cada ponto-chave abordado deve vir acompanhado de um exemplo real ou anedota.
- **Suas conclusões** Se os espectadores conseguirem guardar apenas um ponto do que foi dito, que sejam as conclusões – é por isso que o final de uma apresentação normalmente consiste de um resumo dos pontos-chave. Tente, porém, fazer mais do que isso, criando um *grand finale*, e termine com algo motivador, com uma imagem bonita para ajudar a fixar a ideia nas mentes dos espectadores.

---

5 em apenas MINUTOS

Sua *checklist* colorida (ver ao lado) pode servir como verificação de uma apresentação já realizada.

- Leia do princípio ao fim, anotando onde necessário.
- Se a combinação de cores não for a ideal, é hora de reescrever a apresentação.

O CONTEÚDO

Codificando uma apresentação

Faça um rascunho de sua apresentação, pegue canetas coloridas ou marca-textos e, usando uma cor para cada elemento, indique com clareza as divisões:

→ o impacto da abertura
→ a introdução
→ cada ponto-chave e seu exemplo
→ o resumo
→ o ponto alto, que fixa tudo na memória dos espectadores

Agora que tem todos esses elementos, observe a combinação de cores. Copie a combinação com uma marcação de cor para cada elemento, sendo uma marcação para cada ponto-chave e uma para seu exemplo. Tem-se assim uma *checklist* colorida instantânea e um *aide-mémoire*.
Você deve ser capaz de lembrar sua apresentação inteira só de olhar a lista e ticando-a durante a sua fala.

Suas anotações servem de roteiro
Elas podem trazer à memória não apenas palavras – considere os pontos destacados como marcações de cena.

Abertura de gambito

Todo mundo já teve de aturar palestras maçantes, e as expectativas do público, ao se iniciar uma apresentação, costumam ser baixas. Isso, na verdade, é uma vantagem – torna fácil surpreender e conquistar uma sala lotada de ouvintes empolgados.

Inicie da maneira correta
Os motivos para começar com algo de impacto são vários:
- Acordar espectadores cansados ou desatentos
- Criar para eles uma "divisória" mental – uma separação perceptível entre a apresentação anterior e a sua
- Preparar o espírito do público para um tema ou imagem
- Desafiar um preconceito
- Criar um papel ou personagem para si
- Introduzir uma discussão.

Em cada situação é necessário um impacto de abertura diferente. Furar um balão com um alfinete certamente acordaria

Estudo de caso: acordando os espectadores

Sonja, diretora de TI de uma revendedora de roupas, sabia que tinha de conquistar o público antes de convencê-lo de suas ideias. Resolveu usar uma técnica de choque.
Ficou diante dos espectadores com um único *slide* atrás de si, com um rinoceronte olhando diretamente para eles. "É assim que a maioria de vocês vê o departamento de TI", começou, "impermeável, míope e sempre atacando."
Ela seguiu mostrando que o investimento em TI, naquele ano, tinha salvado a empresa, ao reduzir custos e acelerar os processos.

• *Havia uma sutileza no uso de humor por Sonja: o slide forneceu a piada, e ela só teve de fazer a tirada. Também foi uma boa maneira de enfrentar de cabeça erguida os preconceitos do grupo.*

• *Sendo uma palestrante experiente, Sonja sabia que precisava ser convincente. E ela conseguiu isso; mas correu o risco de, caso não ficassem empolgados, os espectadores saírem com aquela imagem inicial ainda fresca em suas mentes. Ela acabou ensinando ao público como fazer uma apresentação eficaz.*

espectadores com sono e criaria uma divisória mental, mas, a não ser que sua apresentação seja sobre ruídos repentinos ou alfinetes, não servirá como abertura. Um fato surpreendente, uma declaração poderosa ou um desafio, por outro lado, poderia produzir o mesmo efeito, além de servir de introdução ao assunto.

Surpreenda

Táticas de choque podem ajudá-lo a receber atenção instantânea. Por exemplo, num seminário de executivos de publicidade em jornais, um palestrante disse-lhes que o negócio deles estava morto e que todos estariam desempregados em dez meses. Na verdade, o tema da apresentação era o perigo da internet para os classificados e as maneiras de os jornais conterem ou mesmo lucrarem com isso. Ao abrir com uma ameaça cruel à profissão deles, entretanto, o palestrante garantiu que todos na sala se ajeitassem nas cadeiras e prestassem bastante atenção ao que ele tinha a dizer.

> Comece com algo que cause impacto, não com uma queixa

Comece com uma pergunta

Uma das melhores formas de fazer os espectadores prestar atenção é iniciar com uma pergunta. Atirar uma pergunta para o grupo e ouvir as respostas de alguns estimula uma reação e faz as pessoas pensar. Perguntar qual a relação do público com o assunto discutido os encorajará a ficar concentrados além de possibilitar que se sintam incluídos – o que os deixará muito mais propensos a escutá-lo. Apenas certifique-se de que a resposta à sua pergunta não arruinará o resto da apresentação.

> **Começar é metade do trabalho. Deixe a outra metade intocada. Mais tarde, inicie a outra metade, e você terá acabado.** Décimo Magno Ausônio

ABERTURA DE GAMBITO

Comece pelo começo

Começar dizendo seu nome, cargo e o tema de sua apresentação pode cobrir o básico, mas é como conhecer alguém numa festa dizendo seu nome, classe e número do RG.

Ofereça um motivo para prestarem atenção

Quando se quer conquistar alguém que se acabou de conhecer, dá-se informações sobre si que provoquem a curiosidade ou até mesmo admiração. O mesmo vale para o público de uma apresentação. Se quiser que escutem o que você tem a dizer, é preciso dar-lhes um motivo. Alguém que inicie falando: "Estou aqui porque fui eu quem realizou o pequeno milagre de ajustar as contas/ organizar a filial do Azerbaijão/ garantir os bônus de vocês para o próximo ano" conquistará a atenção do grupo. Alguém que inicie com "Estou aqui para falar sobre finanças", não. "Estou aqui para falar sobre finanças" não funciona como uma abertura de gambito, pois pouquíssimas pessoas se interessariam por assuntos financeiros.

Leve seus espectadores com você

Encare sua apresentação como uma jornada. Você quer que todos os espectadores viajem com você, sigam sua lógica e cheguem ao mesmo destino. Use seu talento para preparar o cenário e você os levará consigo. Antes de partir, porém, prepare o grupo:

→ Diga-lhes aonde vão, por que querem ir para lá e quanto irão gostar do passeio. Seja convincente na descrição, para que fiquem motivados com a viagem.
→ Calcule, também, o tempo necessário e será capaz de responder a pergunta "já estamos chegando?" antes mesmo de começar.

Fale a língua deles

Para introduzir o tema principal, a chave para o sucesso é definir, desde o início, o fator "de que forma me beneficiarei disso?". Anuncie que está lá para explicar novas programações e práticas de trabalho e olhos começarão a se fechar por toda a sala. Em vez disso, diga que está lá para tornar a vida deles mais fácil e que 30 minutos agora salvarão horas de frustração e perda de tempo no próximo mês, e as pessoas vão querer ouvi-lo. Não os obrigue a fazer força para compreender as vantagens – deixe-as claras logo de início.

Faça de sua apresentação uma jornada Leve o grupo com você e sirva de guia, informando-os e entretendo-os durante o caminho.

DICA Pense em como explicaria à sua mãe qual o seu trabalho e use com os espectadores a mesma definição – não se apresente com um cargo estranho.

Mantenha o ritmo

Após um início bem-sucedido, mantenha o ritmo na parte central de sua apresentação. Lembre-se de que toda história tem começo, meio e fim, e que toda apresentação deve contar uma história.

Certifique-se da compreensão

Quando for oferecer informações sobre negócios, o início deve sempre ser a respeito das necessidades. Feito isso, dê a informação e, então, a solução, ou comente o curso de ação que será seguido. Você deve saber claramente o que esses inícios, meios e fins significarão para cada um dos pontos-chave. Teorias funcionam em salas de aula, mas apresentações são para o mundo real. Assim, sempre que possível, forneça um exemplo para ilustrar cada ponto. Detalhes concretos podem mudar os rumos de uma conversa, pois permitem aos espectadores se identificarem pessoalmente com o tema.

Estudo de caso: personalizando uma apresentação

Janek, gerente de uma empresa de telecomunicações, fazia uma apresentação sobre atitudes para resolver problemas. Ele sabia que seria difícil envolver o público numa discussão sobre problemas técnicos. A solução que encontrou foi contar a história de uma falha técnica que causou atrasos, clientes insatisfeitos e perda de faturamento. Descreveu as razões técnicas e explicou que a sugestão de um engenheiro resolveu o problema. A solução envolvia um tubo de eco. O tubo perfeito, descobriu-se, era o de um rolo de papel higiênico e o engenheiro que o descobriu foi Darren (ao dizer isso, Janek apontou para Darren, que, corado, agradecia os cumprimentos do público).

- *Ao dar nomes e detalhes, Janek transformou uma história técnica potencialmente tola em algo empolgante e indicou a todos um colega em quem se inspirar.*
- *O elemento cômico – que algo simples como um rolo de papel higiênico podia resolver um problema técnico complexo – surpreendeu o grupo e garantiu que eles memorizassem a mensagem.*

TÉCNICAS *para* praticar

Quando estiver ensaiando a apresentação, verifique cada afirmação e argumento que você planeja dizer.

Lembre-se de que toda afirmação deve ter um ponto relevante. Pergunte-se quais são, durante o ensaio, antes e depois de cada declaração.

1 Analise toda a apresentação e tente citar um exemplo para cada afirmação feita.

2 Você consegue dar um exemplo divertido e motivador para cada uma?

3 Se houver argumentos que você não consegue exemplificar, considere a possibilidade de deixá-los de lado.

Envolva outras pessoas

Colegas, familiares e amigos podem ser uma fonte rica de exemplos. Se os problemas/soluções que você está discutindo têm a ver com eles, mencione-os como parte de seu argumento (isso também ajudará a humanizá-lo aos olhos de seus espectadores – algo importante em apresentações). Se puder oferecer exemplos envolvendo algum espectador, melhor ainda. Além de exemplos de pessoas ao redor, não tenha medo de aproveitar o abundante material de fofocas de celebridades. Trata-se de uma moeda de troca comum em todo o mundo, e, não importando quem sejam os espectadores, tenha certeza de que eles estarão surpreendentemente bem informados sobre a vida dos ricos e famosos. Ao fazer comparações com as experiências dos famosos, você estabelece um denominador comum com o grupo e dá vida a um assunto.

DICA Seja breve em seus exemplos reais – uma frase ou duas bastam –, caso contrário, é possível que se tornem o foco das atenções.

Finalize de maneira memorável

A técnica do tipo "fale três vezes" prevê que se finalize a apresentação com um resumo do que acabou de ser dito, uma tarefa que pode, quase sempre, ser realizada de maneira eficaz, bastando esquematizar os pontos-chave.

Seja memorável

Isso, com certeza, é melhor do que não apresentar conclusões e confirma o fato de que os minutos finais de uma apresentação são os momentos mais lembrados – é bem provável que apenas o que foi dito nessa fase seja recordado. Você deve redigir suas observações finais com o seguinte pensamento: "Se eles gravarem na cabeça apenas um ponto, deve ser a minha conclusão." Porém corre-se o risco de cair numa armadilha. A repetição, às vezes, tira o brilho de um argumento; assim, se sua conclusão simplesmente repetir a introdução e a mensagem-chave, é possível que o argumento perca sua força. O final perfeito é a combinação da recapitulação com algo de impacto para reforçar a ideia e que ajude a retê-la na memória e realmente crie uma "divisória" para a apresentação seguinte.

Feche o círculo de seu argumento

O "impacto" do *grand finale* é diferente do inicial. Nesse momento, os espectadores já devem estar atentos e ter compreendido sua mensagem, mas, se o impacto inicial envolvia introduzir um problema ou uma atitude, você pode descobrir

Finalizando de maneira eficiente

ALTO IMPACTO	IMPACTO NEGATIVO
• Resumir seu argumento de maneira clara e sucinta	• Adicionar um argumento inédito ao final de sua apresentação
• Usar, na conclusão, uma citação ou ideia que volte ao argumento inicial	• Dizer que se esqueceu de algo e, então, falar sobre isso
• Agradecer com sinceridade aos espectadores	• Desculpar-se pelos erros
• Surpreendê-los com uma tirada final	• Perder o ritmo ou encerrar de maneira inesperada

Argumentos para usar na conclusão

Sua conclusão é o *grand finale* da apresentação, portanto tem muito valor. Planeje-a com cuidado – precisa ser breve, memorável e impactante. Certifique-se de:

→ Concluir o assunto – se precisar, diga "conclui-se que", mas faça as pessoas saberem que é o final.
→ Reiterar os pontos-chave – mas não traga nada de novo.
→ Ficar aberto a perguntas – desde que você queira uma sessão de perguntas e respostas.
→ Dar às pessoas um pensamento conciso e de impacto.
→ Acima de tudo, oferecer às pessoas um curso de ação para seguir.

Seja breve – as pessoas prestam mais atenção se você informar que se trata de um resumo, mas, se demorar muito, elas deixarão de prestar atenção e perderão a parte mais importante da apresentação.

que retornar a ele é uma maneira bastante eficaz de finalizar. Finalizar onde iniciou vai produzir também uma sensação de satisfação. Se o trabalho tiver sido realizado de modo adequado, a impressão dos espectadores sobre seu argumento inicial terá sido colorida pelo conteúdo da apresentação. Finalizar com o mesmo impacto inicial é uma maneira simples de lembrar o grupo da opinião deles antes de sua apresentação. Pode servir como um lembrete eficiente da mensagem que acabou de ser exposta, principalmente se a intenção fosse superar ou modificar uma percepção existente.

DICA Conclua com algo motivador. Diga às pessoas exatamente o que quer que elas façam e sugira que o façam assim que saírem da apresentação.

Resumo: estruturando bem

Uma apresentação bem estruturada é o primeiro passo para transmitir com eficiência sua mensagem. Pense na apresentação como uma história, com começo, meio e fim. Siga os passos deste resumo para, assim, conquistar e manter a atenção dos espectadores, e então finalizar com um impacto que ficará em suas mentes por muito tempo.

Quatro etapas para estruturar

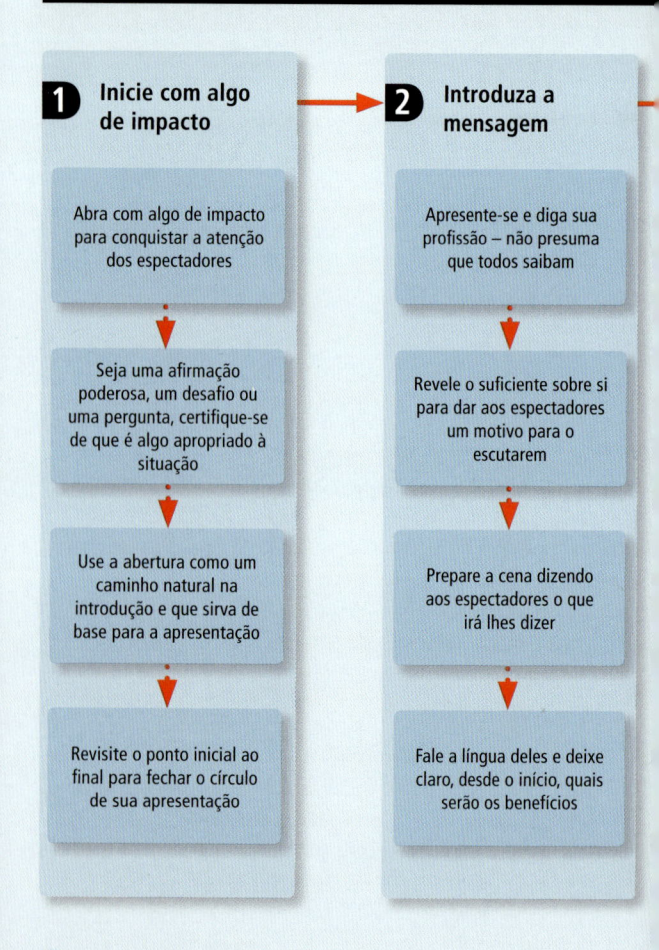

1 Inicie com algo de impacto

- Abra com algo de impacto para conquistar a atenção dos espectadores
- Seja uma afirmação poderosa, um desafio ou uma pergunta, certifique-se de que é algo apropriado à situação
- Use a abertura como um caminho natural na introdução e que sirva de base para a apresentação
- Revisite o ponto inicial ao final para fechar o círculo de sua apresentação

2 Introduza a mensagem

- Apresente-se e diga sua profissão – não presuma que todos saibam
- Revele o suficiente sobre si para dar aos espectadores um motivo para o escutarem
- Prepare a cena dizendo aos espectadores o que irá lhes dizer
- Fale a língua deles e deixe claro, desde o início, quais serão os benefícios

O CONTEÚDO

3. Aborde os pontos-chave

- Organize a essência da apresentação em pontos-chave – quatro ou cinco no máximo; do contrário, o público não prestará atenção

- Cada argumento deve ser breve, impactante e focado; deve-se usar linguagem simples e evitar jargões

- Estruture cada ponto para que tenha começo, meio e fim

- Reforce cada ponto com um exemplo real ou uma anedota – um pouco de humor funciona; piadas de mau gosto, não

4. Faça um resumo e finalize

- Deixe claro que está terminando a apresentação – os espectadores precisam saber que é o final

- Resuma os pontos-chave – seja sucinto e não introduza nada novo

- Peça para fazerem perguntas (se for apropriado) e, então, resuma rapidamente o assunto

- **Ponto final**
  Finalize bem com uma conclusão impactante e algo motivador

RESUMO: ESTRUTURANDO BEM

Preste atenção no tempo

Quanto tempo dura a apresentação? Você a cronometrou? Ao fazê-lo, reservou um tempo para as perguntas do público? Você precisa saber tudo isso antes de começar para, assim, garantir uma apresentação confiante.

Ensaie a apresentação

A maneira mais exata de saber quanto tempo será necessário é ensaiar, cronometrando, toda a apresentação. É importante para se ter uma ideia, mas lembre-se de levar em consideração alguns fatores do grande dia. O principal é que você pode estar mais nervoso no dia do que no ensaio. Se boa parte da apresentação consistir em sua fala, é possível que você acelere e termine antes do previsto. Para evitar que isso ocorra, pratique até ficar relaxado ou pense na possibilidade de introduzir suportes não verbais para pontuar sua apresentação e tirar a pressão de si. Outro fator é que, se sua apresentação caminhar bem, você precisará incluir pausas para a reação dos espectadores, deixar a risada diminuir ou dar à plateia entusiasmada tempo para apreciar a qualidade de seus *slides*. Se houver muita participação do público em sua apresentação, será necessário trabalhar sua habilidade de comando de grupo ou deixar mais flexível a programação.

> Escolher a hora certa para expor uma ideia é tudo

5 em apenas MINUTOS

Se não foi possível ensaiar, você pode ficar de olho no tempo durante a apresentação.

- Marque sua apresentação com os seguintes pontos: um quarto, metade, três quartos. Ao atingir cada ponto, verifique rapidamente o tempo.
- Isso ajuda a evitar que fique o tempo todo olhando para o relógio e o alertará caso esteja atrasado ou adiantado.

O CONTEÚDO

Tempo, questão de vida ou morte

Um bom exemplo da importância de se calcular o tempo vem da Associação Profissional de Instrutores de Mergulho (PADI), que forma 70% dos mergulhadores do mundo inteiro.

Quando as coisas dão errado, um mergulhador tem pouquíssimo tempo para reagir – e saber o que fazer caso ocorra um problema numa situação literalmente de vida ou morte. Por isso, todos os instrutores da PADI são sucintos em suas aulas. Seja o tema simples ou complexo, espera-se que o introduzam, expliquem-no e o recapitulem entre 8 e 10 minutos. Caso contrário, uma apresentação inútil pode ter consequências mortais. Essa conta serve para qualquer tema:

→ Use no máximo 10 minutos para cada tema, com mais ou menos quatro pontos por apresentação.
→ Caso, após 40 minutos, ainda esteja falando, deve estar na conclusão ou respondendo perguntas.

Cronometre-se Para ganhar tempo, verifique quanto dura cada ponto – você precisa manter os espectadores atentos durante sua apresentação.

PRESTE ATENÇÃO NO TEMPO

O treino leva à perfeição

Apesar de parecer um grande feito ajustar a apresentação enquanto a estiver fazendo, a não ser que realmente goste de viver perigosamente, a chave para um bom desempenho é treino, treino, treino.

Realize treinos solo e ensaios gerais

Apresentações bem-feitas são resultado de treino exaustivo. No mínimo, deve-se realizar um ensaio geral incluindo todos os suportes que se pretenda utilizar. O ideal é repassar toda a apresentação várias vezes para no dia poder realizá-la, literalmente, de olhos fechados. Fazer uma versão "acústica" de sua apresentação, sem *slides* ou suportes, não é apenas a melhor maneira de ter consciência de que a decorou, mas também serve para deixá-la infalível mesmo que, na hora H, ocorram defeitos técnicos.

O melhor, até mesmo do que um treino solo, seria um ensaio geral com um público falso.

Assista a você mesmo Até uma simples filmagem é cheia de informações sobre a impressão que o público terá de você.

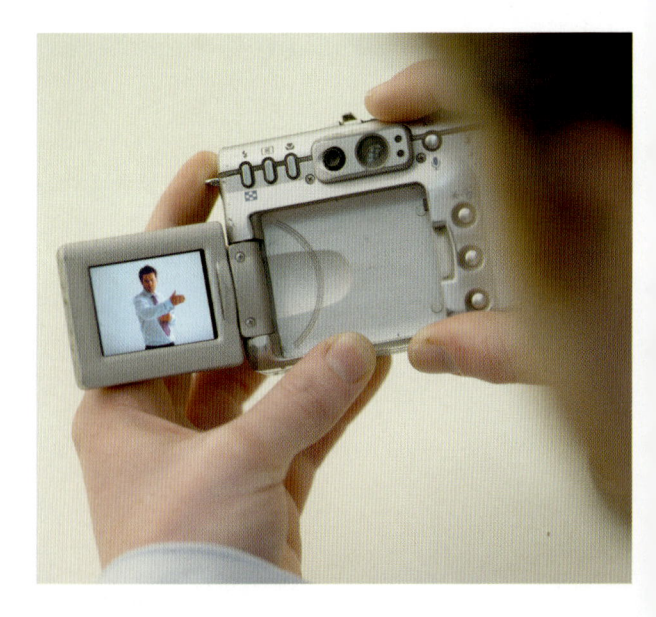

TÉCNICAS *para* praticar

Filme a si mesmo para ter uma boa ideia da impressão que o público terá de você. Isso o ajudará a eliminar qualquer maneirismo irritante e a realizar uma apresentação melhor.

Se dividir sua apresentação em partes, será capaz de ver e ouvir a si mesmo com apenas uma câmera digital ou um celular moderno, nada muito caro. Peça a um amigo para filmá-lo, a fim de que você possa se ver com olhos de espectador. Verifique os seguintes fatores e repita, caso necessário, a apresentação.

- Ouça cuidadosamente o que você diz – mantém-se fiel ao roteiro? Está dizendo muitos "uhs" e "ahs"?
- Observe a linguagem corporal. Há algum gesto nervoso que precisa ser evitado?
- Atingiu o humor/credibilidade/seriedade esperados? Caso não, como pode melhorar a apresentação?

Isso o ajudaria a se acostumar com a sensação de ter alguém prestando atenção em você e, se estiverem preparados adequadamente, os falsos espectadores podem também fazer perguntas ou objeções.

Encontre espectadores para os ensaios

Cuidado para não solicitar *feedback* apenas de amigos – eles podem não ser representativos no grupo de espectadores. Os melhores "falsos espectadores" são outros palestrantes, que podem descobrir falhas em sua apresentação durante o ensaio. Procure saber quem são os outros palestrantes e combinem de assistir-se uns aos outros, mesmo que seja apenas uma leitura rápida. No dia, isso também pode servir de apoio.

> **Na teoria, não há diferença entre teoria e prática. Na prática, sim.**
>
> Yogi Berra

3

O apresentador

Está quase na hora de começar: as introduções foram feitas, as luzes foram acesas e, após inúmeros ensaios, você está prestes a entrar e fazer sua apresentação. Caso você tenha planejado previamente sua apresentação, verá que está sentindo mais empolgação do que medo. Este capítulo mostra como:

- Vestir-se adequadamente
- Sentir-se confortável diante de espectadores
- Lidar com o nervosismo
- Preparar-se para problemas previsíveis
- Trabalhar em grupo como um profissional
- Usar um microfone

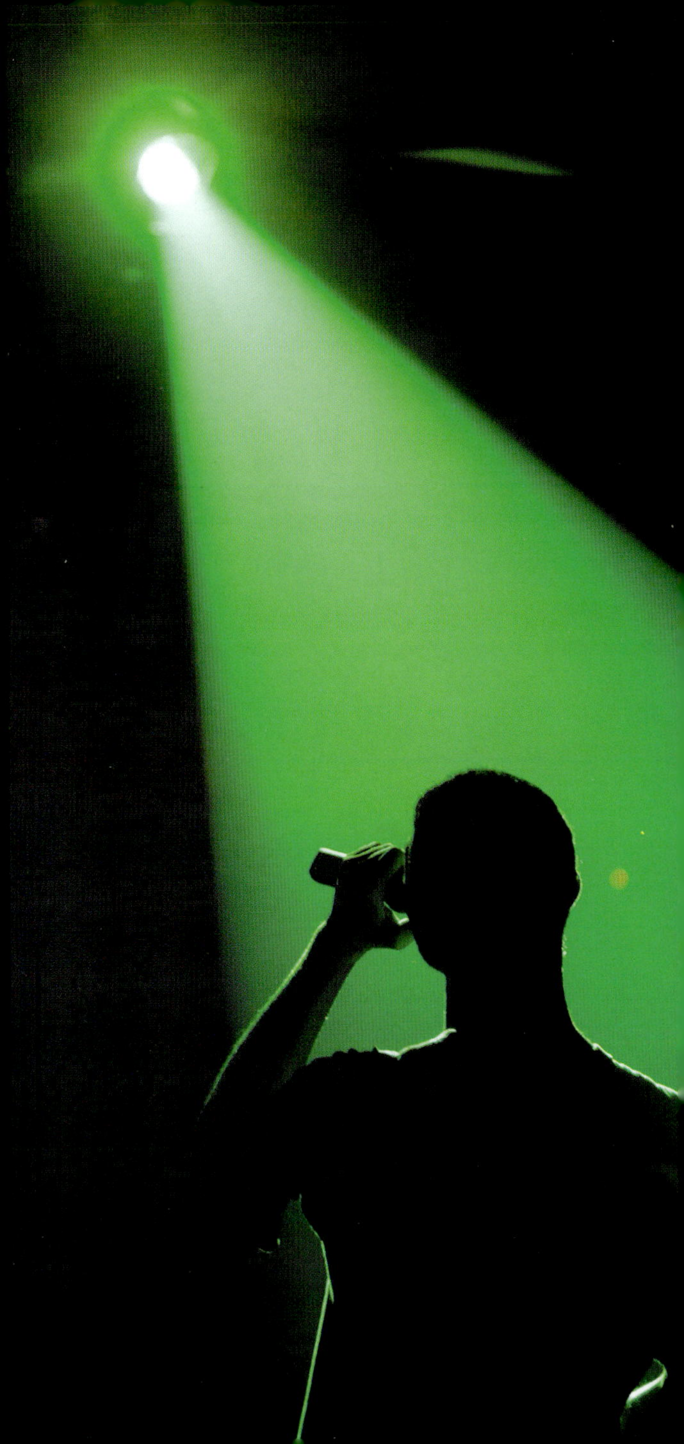

Vista-se para impressionar

Saber que está corretamente vestido e a confiança que isso lhe proporciona são os primeiros passos para uma boa apresentação. Fazer isso é fácil; basta um breve planejamento.

Vista-se de maneira confortável

Atletas seguem uma regra muito antiga: não vestem nada novo no dia da corrida. O calor do dia D não é o momento certo para se descobrir que o novo traje irrita a pele ou limita seus movimentos. Para apresentações, isso é duplamente verdadeiro. Você não precisa de nada que possa deixá-lo pouco à vontade, e, ao contrário dos atletas, marcas de suor nas axilas não são algo de que se possa ficar orgulhoso. Vista-se adequadamente. Mulheres palestrantes sabem há muito que alguns acessórios bem escolhidos podem imediatamente ajustar o tom, ao passo que homens costumam acreditar que precisam apenas de terno e gravata. Pense um pouco em qual seria o traje mais adequado caso sua apresentação acontecesse num *casual day*. Às vezes, tirar o terno e a gravata, revelando um colete esperto pode enviar sinais sobre como vestir-se bem estando à vontade.

TÉCNICAS *para* praticar

Aprenda a analisar bem sua função numa apresentação – e como adequar seu traje.

Você é um funcionário da própria empresa falando com colegas ou um especialista de outra companhia?

1 Fique diante do espelho e imagine que seu cargo é indicado por uma plaquinha acima da cabeça.

2 Sua roupa está muito pomposa? Parece informal demais?

3 Sua imagem precisa passar por um ajuste fino? Pense em como um figurinista criaria seu traje se você estivesse interpretando esse papel num filme.

4 Se achar necessário, ajuste seu traje para combinar com sua imagem.

Transmita uma mensagem adequada

Pense em seu público quando estiver decidindo o que irá vestir. Há várias formas de, apesar de se esforçar para o contrário, enviar uma mensagem inadequada através de sua roupa.

O público verá sua aparência antes de ouvir o que você tem a dizer. Se escolheu algo bastante chamativo ou que tenha algum significado específico, mas que passa despercebido pelo público, isso pode estragar sua imagem ou não reforçar a mensagem da maneira desejada. Alguns exemplos:

→ Um técnico, apresentando novidades tecnológicas, vestiu um uniforme de *Jornada nas Estrelas*. Foi arrojado com uma boa piada e ganhou alguns pontos entre os fãs da série, mas, para aqueles que ainda precisam ser convencidos de seus argumentos, a palestra pareceu mais uma ficção científica.

→ Um assessor financeiro, falando para uma loja de roupas de *skate*, vestiu um uniforme de sala de reuniões. Num ambiente convencional teria sido adequado, mas ele acabou enviando a mensagem, para seu público jovem e moderninho, de que planejamento financeiro não era para pessoas como eles.

→ Uma palestrante, dirigindo-se para um público predominantemente masculino, deixou o cabelo solto e vestiu uma saia curta. Conseguiu a atenção do público, mas sua roupa, em vez de reforçar, depreciou o que ela tinha a dizer.

Vista-se de maneira eficiente

ALTO IMPACTO
- Vestir-se de maneira inteligente e simples para chamar a atenção do público
- Usar cores ou acessórios para se destacar
- Escolher roupas que salientem sua imagem e reforcem sua mensagem

IMPACTO NEGATIVO
- Vestir roupas bonitas, mas desconfortáveis
- Escolher roupas espalhafatosas, sensuais ou que distraiam
- Escolher roupas que desviem a atenção e enfraqueçam sua mensagem

Apresente-se com cuidado

A roupa que está vestindo durante a apresentação, assim como sua linguagem corporal, criará a primeira impressão que seu público terá de você. Mesmo uma apresentação um tanto informal merece um traje adequado: não fazer isso representará falta de respeito para com seu público e para consigo.

Boa aparência
Aparência é crucial na apresentação. Verifique se o cabelo está legal, suas roupas estão limpas e passadas e se você, em geral, parece arrumado.

Analise o público
Você pode não precisar de um terno – ou pode tirá-lo –, mas uma camisa legal e uma gravata são desejáveis em qualquer ambiente, exceto nos mais informais.

Pense nos detalhes
Se não estiver usando paletó, é melhor usar um cinto. Da mesma forma, abotoaduras ou, para mulheres, um cachecol darão brilho.

Apresentações filmadas

Grandes apresentações, em geral, são filmadas e projetadas numa tela. Se for esse o caso, você precisará seguir as diretrizes de figurinos para apresentadores de tevê.
Excesso de roupas brancas ou estampas extravagantes irá ofuscar e distrair. Se estiver preocupado, do ponto de vista técnico, com o traje que irá usar, procure conversar com o técnico de vídeo um dia antes da apresentação. Lembre-se também de que, numa tela grande, detalhes ficarão ampliados, e isso vale tanto para roupas como para qualquer outra coisa. Qualquer político sabe que um simples detalhe, como enrolar as mangas para cima, é uma maneira poderosa de alterar os sinais enviados, transformando-o de alguém da turma de lá em um dos nossos.

Analise suas roupas

Faça a si mesmo as seguintes perguntas na hora de escolher seu figurino. Se puder responder todas as perguntas, com sinceridade, de maneira positiva, você está totalmente preparado:

→ Ficarei confortável assim?
→ Se estiver quente ou frio e eu precisar retirar alguma parte do traje, será fácil? Ainda parecerei profissional quando colocar/tirar alguma peça?
→ Tenho uma muda (ou um lenço) para o caso de derramar alguma coisa na roupa antes da apresentação?
→ Se, de repente, precisar parecer mais sério ou mais casual, conseguiria ajustar meu figurino para modificar minha imagem?

DICA Mude a roupa – o simples ato de tirar o paletó servirá como um sinal de um novo estágio da apresentação (por exemplo, uma sessão de perguntas e respostas).

Lide com o nervosismo

Em apresentações, o medo de falar em público está sempre presente. Alguns profissionais dizem que um medinho pode, na verdade, melhorar uma *performance*. Contudo, há certas técnicas que podem ajudá-lo a recuperar o controle emocional.

Descubra por que está com medo

O primeiro passo para controlar os nervos é tentar identificar exatamente o que o está deixando ansioso. Seria apenas um friozinho no estômago? Isso é normal, previsível e provavelmente um sinal muito bom (confiança demais é tão perigoso quanto nervosismo). Se, contudo, você morre de medo só de pensar em fazer uma apresentação, ou já utilizou todas as desculpas possíveis para fugir da tarefa, está na hora de enfrentar e lidar com cada um de seus medos.

Racionalize seu medo

Pergunte-se como expressaria seu medo se estivesse contando para um amigo.

- "Não consigo ficar diante de todas aquelas pessoas. Vou parecer bobo."
  Não é verdade. Mas, se não acreditar nisso, pense em maneiras de tirar o foco de si e projetá-lo sobre algum ponto da apresentação, ou mesmo de volta para o público. Pergunte-se se você ficaria nervoso assim se estivesse numa simples reunião. Não? Então transforme a apresentação em uma reunião, tendo você como anfitrião e mediador.
- "Minha apresentação não vai ser boa."
  Volte para a seção anterior, sobre conteúdo, e certifique-se de que pensou em todas as questões levantadas. Feito isso, tenha certeza de que sua apresentação dará certo.

Em chinês, a palavra "crise" é composta de dois ideogramas. Um representa perigo e o outro, oportunidade.

John F. Kennedy

Mantenha a confiança antes da apresentação

Se você for um apresentador inexperiente, é possível que se sinta mais nervoso nos minutos que antecedem a apresentação.

É neste momento que apresentadores profissionais realizam uma rotina final bem ensaiada. Você deveria fazer o mesmo. Siga essas dicas para o último minuto, a fim de se acalmar e se controlar antes de começar.

> Os últimos instantes são os melhores para pensar em outra coisa

→ Não discuta a apresentação com ninguém. Muitos, num bate-papo antes da apresentação, irão lhe perguntar o que falará para eles.
→ Não caia na tentação de conversar sobre isso. Se lhe parecerem indiferentes, isso pode enfraquecê-lo; se derem palpites, você pode ficar confuso ou, pior, pode querer repensar sua apresentação perfeitamente preparada.
→ Sorria educadamente e diga-lhes que, logo, tudo será revelado.

Últimos momentos da preparação

ALTO IMPACTO
- Beber água para que sua garganta não fique seca
- Conversar com rostos amigos, de preferência pessoas que você já conhece, para acalmar os nervos
- Verificar se tem um lenço no bolso, se os suportes que for usar estão no lugar, se as anotações de que precisará estão em ordem e fáceis de ser consultadas

IMPACTO NEGATIVO
- Beber muito café: uma xícara pode ajudar, mas mais de uma provavelmente aumentará seu nervosismo
- Iniciar uma conversa com alguém que você não conhece: não é uma boa hora para conhecer pessoas
- Tomar um calmante, uma bebida alcoólica ou qualquer outro estimulante não confiável

LIDE COM O NERVOSISMO

Mantenha a clareza

A reação mais provável de qualquer pessoa ao apresentar pela primeira vez é: "Por que tem de ser eu?" Esse medo,

Esconda seu nervosismo Uma apresentação calma fará os espectadores acompanharem suas ideias a ponto de você sentir que está indo tudo bem, e aí poderá relaxar.

em geral, vem da ideia de que outros, alguns dos quais estão na plateia, sabem mais sobre o assunto. Você está realizando uma apresentação, não escrevendo um livro. A não ser que seja um especialista lendo um artigo científico, sempre haverá alguém que sabe mais que você, mas isso não deve preocupá-lo. Apresentadores de TV habitualmente sabem sobre o assunto de que falam apenas o que está em suas anotações, mas não ficam preocupados, pois o trabalho deles é explicar as ideias de outra pessoa para um público. Lembre-se de que a chave é a clareza, e não um profundo conhecimento.

Elimine o medo

Se perceber que, nos últimos instantes, seus medos ficaram ainda maiores, lembre-se de que alguns dos melhores atores ficam nervosos diante da plateia – e acabam descobrindo que isso melhora suas *performances*. Lide com esses demônios de última hora com firmeza, de maneira assertiva e sem deixar que corroam sua confiança.

- "Vou travar ou esquecer tudo." Trapaceie. Deixe lembretes em pontos estratégicos. Peça aos amigos que façam perguntas como se fossem espectadores no pior cenário possível (e você verá que, se estiver preparado, o pior não acontecerá).
- "Fico muito nervoso diante do público." Facilite as coisas para si, ensaiando infinitamente até conseguir fazer a apresentação mesmo dormindo.
- "Vou cometer um engano." E daí? Você é humano, e humanos erram. O que importa é que você se recomponha e siga em frente. Um tropeço pode até conquistar os espectadores – muitos deles podem muito bem não ser nada confiantes para apresentar e irão simpatizar com seu nervosismo.
- "E se eles não gostarem de mim?" Será que isso importa mesmo? É a mensagem que conta, não o mensageiro, e, se realizar uma apresentação consistente, os espectadores julgarão o argumento, não você. Se estiver achando que não tem carisma forte, compense com um conteúdo forte.

> **Acredito muito na sorte e descobri que, quanto mais trabalho, mais tenho sorte.**
>
> Thomas Jefferson

5 em apenas MINUTOS

Aproveite os últimos instantes antes da apresentação para conversar com alguém que você conhece.

- Encontre um colega que esteve na mesma situação que a sua e, nos últimos instantes, converse com ele.
- Se o conhecer bem, confidencie seus medos.
- Até mesmo um bate-papo informal irá acalmá-lo; uma palavra de apoio será ainda melhor.

Antecipe pequenos problemas

Os melhores improvisos são preparados com antecedência. Prepare algumas observações e piadas que sirvam em qualquer situação para ocultar o que estiver errado, caso isso aconteça, até que você recupere o foco. Saber que possui um plano B fará com que você se sinta muito melhor.

Aprenda com especialistas

Se você se mantiver relaxado, pode aproveitar as pequenas falhas de sua apresentação para criar um vínculo com o público. Bill Gates, fundador da Microsoft, palestrava para centenas de programadores em San Diego quando foi pego por um ataque de espirros, bem no microfone. Quando finalmente parou (lembre-se, sempre tenha um lenço à mão), um espectador brincalhão gritou: "Saúde!" Ao que ele olhou, piscou e falou: "Uau, isso que é interatividade com o usuário." Pode não ter sido hilariante, mas serviu para algumas risadas, e ele ganhou tempo suficiente para descobrir onde tinha parado.

Prepare o plano B com antecedência

Se você se mantiver calmo, é fácil lidar com quase todo tipo de interrupção. Um orador sobre tecnologia, em certo momento, esqueceu-se completamente do que ia falar e ficou olhando para

---

use a CABEÇA

Pense com antecedência no que pode dar errado na apresentação e tenha um plano de ação preparado.

Prepare seu comentário de apoio – uma observação irônica ou piada para aliviar um problema, demonstrando assim que não ficou desconcertado. Certifique-se de haver alguém por perto que possa ajudar com qualquer problema técnico que surja para que você possa continuar falando para o público enquanto o projetor/computador é arrumado ou reiniciado. Se o problema técnico persistir, pense aonde você pode enviar os espectadores para uma "pausa para esticar as pernas" de dois minutos, enquanto tudo se resolve.

os espectadores por alguns segundos. Mas teve a presença de espírito de chamar um amigo, que estava na última fila, e perguntar-lhe o que vinha a seguir. Seu amigo, com uma cópia da apresentação, leu para ele a próxima fala. "Veja", falou o orador, "eis a importância do trabalho em equipe." Trabalho em equipe era um dos assuntos do dia, e esta encenação fazia parte do roteiro, mas havia uma desculpa para ser realizada (trabalho em equipe, plano B ou planos de fuga, tudo isso pode ser invocado aqui). Você, também, pode preparar um propulsor nas asas. Quanto mais relaxado ficar durante um ataque de soluços, por exemplo, melhor parecerá para os espectadores. Outra palestrante ia comentar o *slide* que estava sendo projetado, quando notou que ele estava de ponta-cabeça. Porém ficou admiravelmente calma: "Desculpem-me", disse ao arrumá-lo, "minha última palestra foi no Japão."

> **5 em apenas MINUTOS**
>
> **Tenha planos B para consertar com rapidez um microfone ou computador e manter a audiência atenta enquanto tudo se resolve.**
>
> - Tenha um técnico à mão – não tente você mesmo consertar.
> - Conte uma piada – "Meus filhos sempre arrumam isso para mim... há alguma criança de 6 anos na plateia?" – para deixar claro que você está ciente do problema.

Lide com ruídos indesejáveis

Sirenes passando na rua podem ser superadas com uma piada bastante simples, que traz o foco de volta para você: "Engraçado... a ambulância só tinha de vir depois que eu terminasse a apresentação." Para lidar com o telefone celular de um espectador tocando, "Diga-lhes que agora eu não posso falar" é tudo que você precisa dizer para trazer de volta o foco para si.

DICA Antes de começar, solicite a todos que verifiquem se os celulares estão desligados, evitando assim interrupções desnecessárias.

Pratique teatro

Atores não ficam parados em um único lugar para dizer suas falas – eles se movem e fazem gestos para enfatizar. Você precisa fazer o mesmo para transformar sua apresentação numa encenação.

Avalie as vantagens de um púlpito

A opinião geral entre palestrantes é que não se deve usar um púlpito porque ele esconde o apresentador. Pior ainda, pode parecer um padre falando para os fiéis ou um juiz dando um veredito. Apesar de esses fatores fazerem do púlpito uma má opção para uma apresentação informal, há ocasiões e lugares em que tais associações podem trabalhar a seu favor. Avalie se o púlpito pode dar ar de seriedade, ou se o fará parecer uma figura severa e de autoridade. O apresentador que sabe usar bem o púlpito entra e sai do personagem, fazendo parte da apresentação no púlpito e parte diante do público, assumindo realmente dois papéis.

Analise bem

Pense adiante e avalie bem os seguintes pontos para que, quando estiver apresentando, você saiba exatamente onde estará e como e quando se moverá:

→ Haverá um púlpito caso queira usá-lo?
→ Qual a altura dele? Como você ficará atrás dele? (Se tiver dúvidas, visite o local um dia antes e peça a um amigo para fotografá-lo do fundo da sala.)
→ Se houver um microfone, ele estará preso no púlpito?
→ Se você for subir e descer do púlpito, já coreografou seus movimentos?
→ Será que os espectadores-chave responderão bem à noção de autoridade?

Usando um púlpito

ALTO IMPACTO

- Ter um lugar para colocar suas anotações, deixando-o mais relaxado e ajudando-o a fazer uma apresentação melhor
- Deslocar-se do púlpito para o centro do palco e de volta para lá, ajudando a manter a atenção dos espectadores em você
- Ficar relaxado atrás do púlpito, permitindo que seu rosto e mãos ajudem a transmitir a mensagem

IMPACTO NEGATIVO

- Ler as suas anotações como se fosse um sermão, encorajando-o a adotar uma postura "cabisbaixa" que impeça seu relacionamento com o público
- Subir e descer do púlpito diversas vezes, parecendo impaciente e inseguro
- Agarrar o púlpito com firmeza exagerada, de maneira que pareça que está usando-o como apoio para manter-se de pé

Use uma linguagem corporal positiva

Você já pensou no que representa para os espectadores, portanto sua linguagem corporal deve ser aproveitada para projetar essa identidade. Apresentações simples e informais, do tipo "um de nós", podem funcionar melhor se você estiver sentado e não em pé diante da plateia. Pense na diferença drástica que há entre a mensagem enviada por alguém sentado atrás de uma mesa, de outra enviada por alguém que sai de trás da mesa e se empoleira na ponta dela. A melhor maneira de se identificar com o público é sentar-se entre eles. Isso nem sempre é possível, ou mesmo adequado, em reuniões maiores e mais formais, mas você pode experimentar ir para o meio de um pequeno grupo num certo momento da apresentação – isso pode alterar o ânimo e funcionar como um sinal eficiente de que vai começar uma sessão de *brainstorm* ou um debate.

DICA Se pretende sentar ou subir em algo, veja, antes da apresentação, se o objeto suporta seu peso.

Usando a linguagem corporal

Linguagem corporal engloba tudo, desde a expressão facial até a postura e movimentação de braços. Ela causa grande impacto entre os espectadores, portanto vale a pena gastar algum tempo para adequá-la.

Lembre-se de sorrir

A primeira e mais importante ferramenta de sua linguagem corporal é o sorriso. Sorrir indica que se está relaxado e feliz por estar lá; também ajuda a divertir os espectadores. Um sorriso aumenta sua credibilidade por sugerir uma atitude confiante e otimista. A maioria das pessoas sorri de volta quando se sorri para elas, e se houver um contato visual direto e amistoso com um indivíduo é bem provável que ele continue a olhar diretamente para você a partir daí.

TÉCNICAS *para* praticar

O espelho é uma excelente ferramenta para ensaiar sua linguagem corporal.

- Fique diante de um espelho de corpo inteiro e faça a apresentação.
- Você verá que está conscientemente se esforçando para olhar-se nos olhos. É assim que você quer se dirigir ao público.
- Sorria para si mesmo e pratique até que pareça natural – um sorriso forçado o fará parecer desconfortável.
- Ensaie uma rápida espiada em suas anotações para, imediatamente, lembrar onde está e então voltar a olhar diretamente para seu reflexo. Lembre-se: você deve gastar mais tempo sorrindo para o reflexo do que lendo o texto.

DICA Certas linguagens corporais são ofensivas em algumas culturas. Em certos países, gestos expressivos, como mostrar as palmas das mãos, podem ofender.

Projete a atitude correta

Faça com que sua postura envie a mensagem correta. Ensaiar diante de um espelho ajudará, mas lembre-se de sua postura também durante a apresentação.

Posturas a serem experimentadas:
→ Encare os espectadores com os ombros relaxados.
→ Coloque as mãos nos bolsos, se isso o deixa confortável – mas mantenha-as paradas dentro do bolso.
→ Manter as mãos soltas ao lado do corpo pode exigir algum esforço, mas cria um ar de naturalidade.

Posturas a serem evitadas:
→ Mãos cruzadas, à sua frente, na altura da virilha.
→ Mãos cruzadas nas costas: você pode parecer incrivelmente constrangido.
→ Braços cruzados na altura do peito – é um gesto de proteção e pode parecer defensivo.

Linguagem corporal fala alto Olhar-se no espelho pode revelar quais poses que você achava casuais funcionam e quais parecem muito rígidas ou formais.

Trabalhe o espaço da sala

A não ser que você esteja apresentando com *slides* numa sala escura, as pessoas querem vê-lo. Portanto, não se esconda em uma lateral: fique no centro e prepare-se para se movimentar.

Roteirize sua movimentação

Mover-se pela sala é uma maneira eficaz de atrair atenção para si, enfatizar seus argumentos, manter o público interessado e até, se ocorrer um "branco", ganhar tempo para lembrar-se do que vem a seguir. Analise os diferentes momentos de sua palestra e pense em como pode separá-los para você e para os espectadores, apresentando-os de diferentes pontos da sala. Mesmo que a maior parte da apresentação seja ao lado de uma tela, você conseguirá atrair a atenção para si e sua mensagem se, na conclusão da apresentação, ficar no centro do cenário.

> Bons apresentadores combinam sua movimentação com a apresentação

Ande ereto

Se for andar, seja de um lado para o outro, ou mesmo num corredor central, saiba que as pessoas terão de se virar nas cadeiras para vê-lo. Faça isso valer a pena: mova-se lentamente, com confiança, graça e leveza, de cabeça erguida e o corpo "aberto". Sua imagem durante a apresentação influenciará a maneira como o público percebe o que você diz. Se você andar cabisbaixo, com as mãos para trás, pode parecer um professor das antigas; se andar sem parar, vai lembrar um animal enjaulado e pode deixar todo mundo desconfortável e nervoso.

DICA Antes da apresentação, não tenha medo de mudar de lugar quadros ou outros utensílios de palco que não serão utilizados.

A técnica do farol

Mesmo que não possa se mover pela sala, seus olhos devem fazê-lo. Não olhe fixamente para o horizonte, para suas anotações ou para a projeção; em vez disso, use a técnica do farol para "varrer" a sala, olhando de um lado para o outro, mirando todos os espectadores.

Mova o olhar Olhe sistematicamente para toda a sala, "varrendo" os espectadores com os olhos. Se possível, tente fazer contato visual, em algum momento, com cada um dos espectadores.

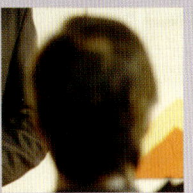

Encare um indivíduo Deixe o olhar pousar sobre uma pessoa de cada vez antes de voltar a se mover. Tente não se fixar num único rosto amigo; se o fizer, parecerá que está se dirigindo a apenas uma pessoa.

Mantenha os olhos se movendo Isso permitirá ver tudo que acontece na sala e assim ficará alerta – caso alguém queira fazer uma pergunta ou alguém não esteja prestando atenção.

TRABALHE O ESPAÇO DA SALA

Usando um microfone

A fim de preservar palestrantes profissionais, microfones têm sido usados até mesmo em ocasiões informais. São fáceis de utilizar e irão ajudar na apresentação; há três tipos de microfones.

Microfones de púlpito

O tipo menos amigável, porque fica fixo no púlpito – ou seja, provavelmente você também ficará. Se for usar um microfone de púlpito, terá de tentar manter os espectadores interessados por meio das suas falas e da linguagem corporal. Se não gostar desse tipo de microfone, pergunte se há outro disponível – pode ser que lhe ofereçam uma alternativa.

Microfones em pedestal

Um microfone em pedestal não esconde seu corpo e pode ser facilmente retirado e transformado em microfone com fio, permitindo-lhe andar com ele (dentro dos limites). Há algumas armadilhas clássicas. Por exemplo, quando o pedestal não está na altura correta e é difícil de ajustar, resulta num palestrante curvado para baixo ou olhando para o teto, o que nunca é interessante. Veja se é possível ajustar o pedestal do microfone antes de começar e, durante o ensaio, fixe um pedacinho de fita adesiva na altura exata para você. Deixe-o no pedestal e, então, se você vier após um palestrante mais baixo ou mais alto, será fácil ajustar o pedestal para sua altura. Se for difícil, solicite com antecedência um ajudante para fazer isso por você.

Tipos de microfone

TIPO	VANTAGENS E DESVANTAGENS
Púlpito	Oferece um lugar fixo para você apresentar; apenas sua cabeça e ombros serão vistos.
Pedestal	Pode ser retirado e seguro pela mão; em geral difícil de ajustar.
Lapela/rádio	Pequeno e portátil; o volume pode "escorregar".

Se retirar o microfone e começar a andar, cuidado para não tropeçar no cabo ou deixá-lo curto, fazendo com que você pareça um cachorrinho encoleirado. Lembre que segurar o microfone significa que terá apenas uma mão livre para gesticular, portanto ensaie sua linguagem corporal tendo isso em mente.

Um microfone é uma ajuda Não o encare como uma ameaça: se você fala baixo, ele vai garantir que seja ouvido.

Microfones de lapela/rádio

Até hoje, é o melhor tipo de microfone – sem obstáculos, deixa suas mãos inteiramente livres. É preso na roupa e fica conectado, por fio ou rádio, à fonte de força. Antes de começar, peça que ajustem o microfone e verifiquem se está funcionando. Então deixe-o ligado, mas sem volume. Quando for sua vez de falar, o engenheiro terá apenas de erguer o volume para o nível pré-ajustado.

DICA Use um paletó: você pode prender o microfone de lapela na gola e colocar a fonte de energia no bolso.

Resumo: arte de apresentar

É natural ficar assustado com a necessidade de apresentar para um público, mas algumas providências e uma preparação cuidadosa tornarão menos enervante todo o processo. Use este resumo para ajudá-lo a se preparar para seu momento de evidência – e lembre-se: mesmo os melhores apresentadores ficam nervosos antes de começar.

Plano de ação

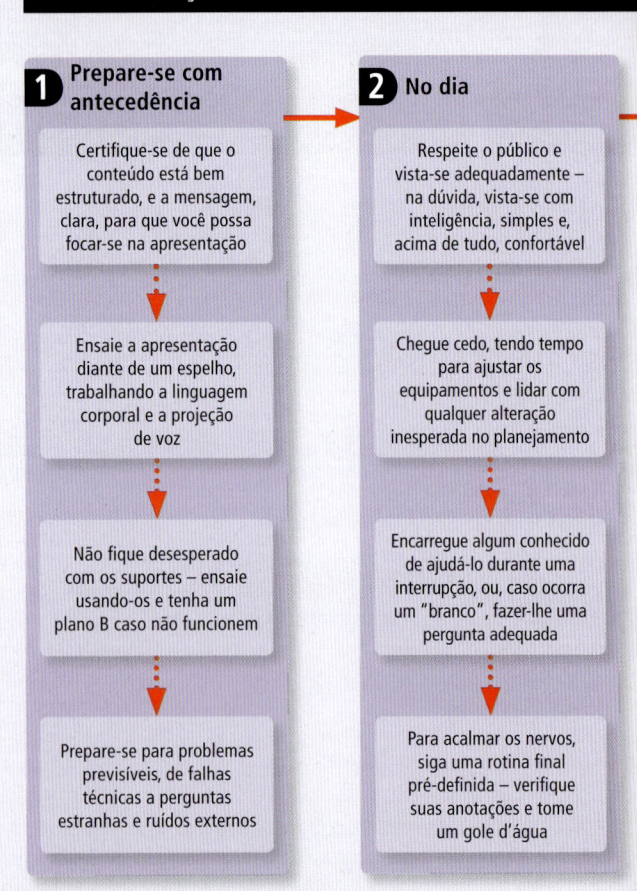

1 Prepare-se com antecedência

- Certifique-se de que o conteúdo está bem estruturado, e a mensagem, clara, para que você possa focar-se na apresentação
- Ensaie a apresentação diante de um espelho, trabalhando a linguagem corporal e a projeção de voz
- Não fique desesperado com os suportes – ensaie usando-os e tenha um plano B caso não funcionem
- Prepare-se para problemas previsíveis, de falhas técnicas a perguntas estranhas e ruídos externos

2 No dia

- Respeite o público e vista-se adequadamente – na dúvida, vista-se com inteligência, simples e, acima de tudo, confortável
- Chegue cedo, tendo tempo para ajustar os equipamentos e lidar com qualquer alteração inesperada no planejamento
- Encarregue algum conhecido de ajudá-lo durante uma interrupção, ou, caso ocorra um "branco", fazer-lhe uma pergunta adequada
- Para acalmar os nervos, siga uma rotina final pré-definida – verifique suas anotações e tome um gole d'água

3. Primeiras impressões

- Assuma o palco com confiança, ciente de que está perfeitamente preparado
- Saiba que será julgado pela aparência e pelo que diz logo no início – as primeiras impressões contam
- Tenha uma linguagem corporal positiva – um sorriso e um contato visual amistoso ajudam a conquistar o público
- Não tenha medo de usar microfone – veja-o como um suporte que lhe permitirá ser ouvido

4. Mantenha-se focado

- Controle os nervos e transforme o medo inicial em energia e empolgação
- Use a técnica do farol para "varrer" a sala com os olhos
- Trabalhe o espaço da sala, construa uma identificação com os espectadores – ande ereto e prepare-se para ficar se movendo
- Saia na hora exata e não se esqueça de agradecer aos espectadores

4
Os suportes

Suportes corretos podem propiciar um final impactante para a apresentação, desde que sejam material extra e não sirvam de apoio para toda a estrutura. Você pode realizar uma apresentação "acústica", sem suportes, para ter a confiança de que nada impedirá uma grande apresentação. Mas também pode usar suportes para criar faíscas e convencer o público. Neste capítulo você aprenderá a:

- Usar outras pessoas como suporte
- Aproveitar ao máximo os quadros brancos, *flip charts* e projetores
- Criar apresentações em computador que chamem a atenção
- Adicionar sons e animações

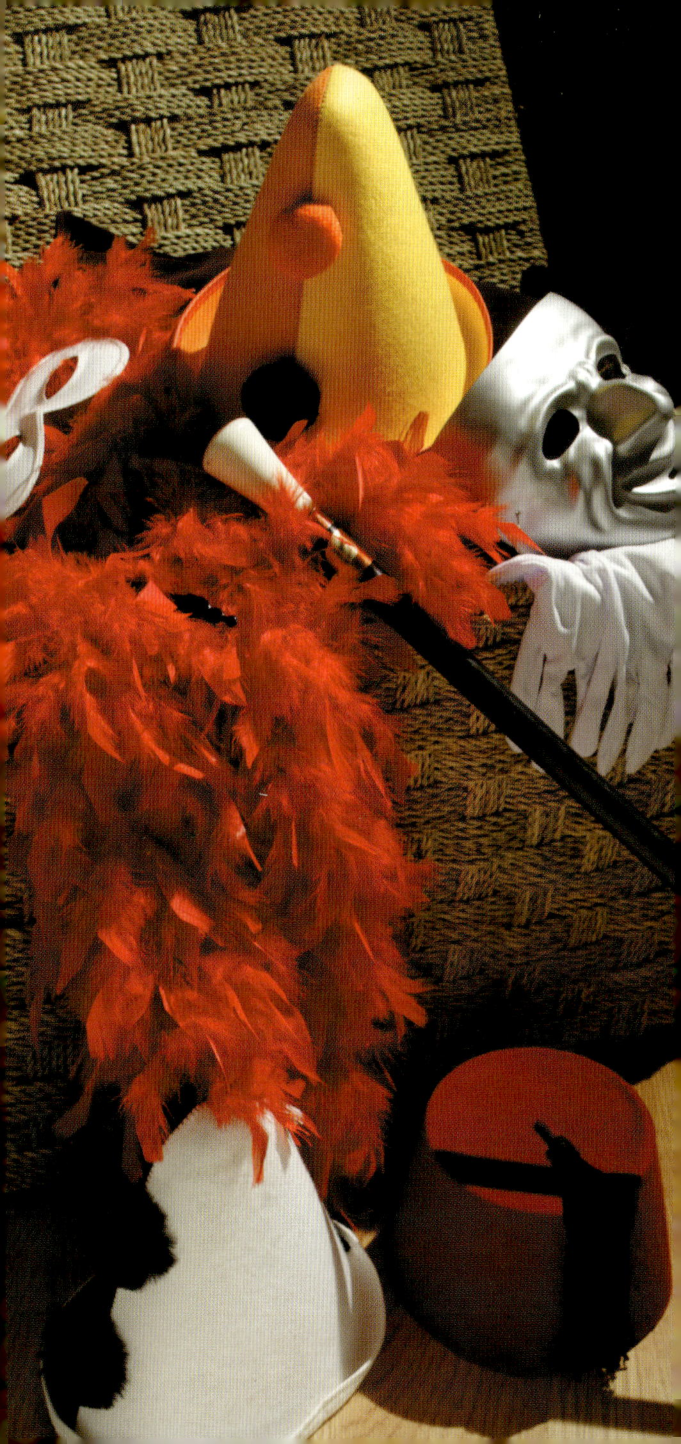

Use pessoas como suporte
Mágicos utilizam assistentes deslumbrantes cuja única função é distrair o público de seus truques manuais. Um palestrante de negócios também pode usar pessoas como suportes para distrair, entreter ou informar.

Divida o foco das atenções
Um assistente pode ajudar a provar um ponto de vista ou afastar a atenção de você por alguns instantes, permitindo que fique mais relaxado e se torne um palestrante mais convincente. Dividir o palco com colegas pode ajudá-lo de diversas formas:
- Pode-se aproveitar o conhecimento deles para explicar assuntos complexos ou específicos.
- Pode-se trabalhar com alguém tecnicamente mais hábil em complexas apresentações de computador.
- Pode-se demonstrar que você faz parte de um grupo, envolvendo a equipe em todos os aspectos do trabalho.
- Pode-se envolver mais alguém para agir como a "face" de temas difíceis ou de um assunto que você conhece menos.

---

use a CABEÇA

O efeito de introduzir um "convidado especial" na apresentação será incrível, mesmo que ele apenas reforce seus argumentos.

Como uma aparição breve num programa de tevê, o simples fato de eles estarem lá fará os espectadores endireitarem-se e prestarem mais atenção à apresentação. Seu "convidado especial" pode ser um membro mais velho da equipe (uma pequena bajulação pode convencê-lo a ir lá) ou uma autoridade que não seja da empresa. Em qualquer situação, trazer alguém importante no tema que você está apresentando é uma maneira eficaz de dizer que aquela opinião não é unicamente sua.

Estudo de caso: usando seus colegas

Wei trabalhava para uma empresa de *softwares* e era responsável por divulgar os mais novos protótipos, mas sempre ficava com muito medo de que algum programa falhasse durante a demonstração. Confidenciou sua preocupação para um colega, que sugeriu que chamasse um técnico da empresa para ir com ele a fim de manter o *software* funcionando. A nova forma de apresentação acalmou os nervos de Wei e melhorou suas habilidades oratórias.

- *Ao dividir o palco, Wei sentiu-se mais relaxado, pois sabia que não havia riscos de precisar resolver alguma falha técnica, e suas apresentações não foram mais prejudicadas pelo nervosismo evidente.*
- *Se surgisse um problema, Wei continuaria a apresentação enquanto tudo era resolvido. Não precisaria ficar digitando se um programa protótipo falhasse, permanecendo focado na apresentação.*

Aprenda com os especialistas

Se, em sua apresentação, você for demonstrar algo que pode dar errado, é interessante trazer ao palco a pessoa mais bem qualificada para fazer a demonstração. Se ocorrer um problema, ela pode consertar, e não será necessário estragar a apresentação ou causar grande atraso no processo.

Não faça tudo sozinho

Quantidade tem poder. Portanto, esteja você simplesmente nervoso por estar diante de espectadores ou desconfiado de que irá apresentar algo que não interessará, há muitas vantagens em se ter um colega ao lado. Se houver a possibilidade de serem feitas perguntas para as quais desconhece as respostas, é bom considerar a possibilidade de convocar uma equipe para ajudá-lo e, antes de iniciar uma sessão de perguntas ou discussão, convidá-los a participar da apresentação.

DICA Dividir as atenções pode acalmá-lo durante a apresentação, mas não permita que seu coapresentador o suplante.

Usando quadros brancos

Por serem baratos, eficazes e fáceis de usar, há quadros brancos em qualquer escritório e sala de reuniões. Não há necessidade de configurá-los, tampouco você terá de tatear atrás de um botão escondido.

Lembre-se do básico sobre quadros

Talvez precisamente por se estar tão familiarizado com quadros, desde a época da escola, frequentemente se ignora que há uma técnica para usá-los. A imagem do professor confuso rabiscando inúmeras equações numa lousa é um estereótipo tão poderoso que se imagina ser a forma correta de usar um quadro. Em palestras de negócios, contudo, a metodologia é muito mais importante do que na academia. Apresentadores que utilizam a técnica do professor que não dá atenção aos espectadores de negócio esquecem-se de que, assim, acabarão com as costas viradas para o público – literalmente falando para a parede. E isso não é nada bom. Executivos mais velhos tendem a ser menos bagunceiros que uma plateia de alunos, mas virar as costas para eles, por qualquer período de tempo, tornará difícil fazer com que prestem atenção, muito menos envolvê-los com seus argumentos.

TÉCNICAS *para* praticar

Antes da apresentação, ensaie a técnica de usar um quadro branco. Seu objetivo deve ser usá-lo como um homem do tempo da televisão o faria.

- Caso queira escrever, não vire as costas para os espectadores. Em vez disso, antes de iniciar, anote os pontos no quadro.
- Cubra suas anotações com um pedaço de papel.
- Durante a apresentação, vá abaixando a folha e revelando os pontos um a um.
- Olhe para o quadro apenas quando for apontar um detalhe específico ou ler uma única linha.

Usando bem um quadro branco

O tempo gasto para desenhar ou escrever no quadro branco deve ser mínimo, mas maximize a quantidade de tempo que fica olhando para o público ou interagindo com ele. Dê ao quadro a importância que ele merece – de um suporte –, não deixando que conduza sua apresentação.

Olhe para o público
Busque sempre apontar, virar-se e falar. Divida suas anotações em pontos curtos, escreva rapidamente e vire-se para ler ou debater.

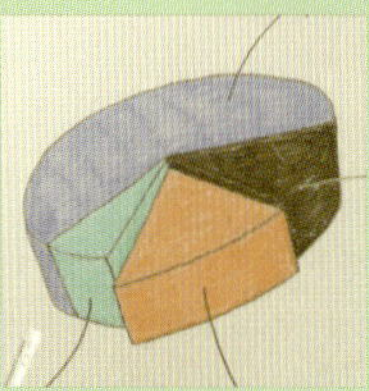

Prepare o material com antecedência Se precisar de gráficos ou outro elemento que consuma tempo, desenhe no quadro, com antecedência, pelo menos um esboço.

Use voluntários Se precisar realmente escrever grande quantidade de texto, chame um espectador para ajudar, assim você pode continuar falando enquanto ele escreve.

DICA Tenha sempre à mão canetas e gizes de várias cores.

Usando *flip charts*

Assim como os quadros, os *flip charts* não precisam ser ligados nem apresentam problemas de compatibilidade com a apresentação. Eles possibilitam que você prepare o material com antecedência, pronto para ser apresentado.

Prepare com antecedência

O segredo para usar bem *flip charts* é prepará-los meticulosamente com antecedência. Fazer isso durante a palestra pode funcionar em apresentações espontâneas, livres, mas cedo ou tarde você acabará virando as páginas, freneticamente, para frente e para trás, tentando encontrar a mensagem-chave que gostaria de reenfatizar. Evite que isso aconteça anotando as mensagens-chave em folhas pré-preparadas. Tenha um rolo de fita adesiva à mão e, quando chegar a um ponto relevante da apresentação, marque a folha com um pedaço de fita na lateral para que ela não fique perdida mais tarde. Se achar que sua letra é muito feia, ilegível, recrute um voluntário para escrever para você, deixando-o livre para olhar para o público, além de ficar mais fácil ler o *flip chart*.

use a CABEÇA

Se quiser inserir imagens no *flip chart*, mas não confiar muito em suas habilidades de desenho, para ficar tranquilo quando precisar desenhar diante de espectadores é melhor preparar as imagens com antecedência.

Desenhe com uma caneta, bem de leve, ou traceje o desenho que quer usar em seu *flip chart*. Assim, quando precisar do desenho durante a apresentação, terá apenas de tracejar mais forte as linhas para que o desenho surja. As linhas-guia estarão invisíveis para os espectadores, que ficarão impressionados com sua habilidade de improvisar desenhos.

A boa técnica de *flip chart*

Assim como acontece com quadros, há algumas regrinhas a serem seguidas para facilitar o uso do *flip chart* e possibilitar que os espectadores sempre vejam e leiam o material preparado.

→ Se possível, leve seus próprios *charts* para a apresentação. Ao escolher um *flip chart*, procure modelos fáceis de arrancar, para que assim, caso deseje, você possa mudar a ordem da apresentação.

→ Deixe uma página em branco entre *charts* com muita tinta – evitando que a página seguinte fique visível.

→ Procure *charts* com grades marcadas – isso facilita para manter o tamanho constante de letras/palavras, deixando mais fácil de ler o que você escreve.

→ Se quiser alterar algo num *chart*, não é necessário jogá-lo fora e recomeçar – marcadores brancos cobrem palavras indesejadas de maneira rápida e eficaz.

Aproveitando os *charts*

ALTO IMPACTO

- Usar poucas cores, mas fortes
- Escrever com letras maiúsculas grandes e fáceis de ler
- Deixar uma área em branco na parte inferior de cada *chart*
- Escrever os pontos-chave em etiquetas adesivas para colar no *chart* e usar estrelas douradas para marcar pontos positivos
- Fazer *brainstorm* com um quadro branco e um *flip chart*: o primeiro para anotar as ideias, o segundo para listar os pontos-chave

IMPACTO NEGATIVO

- Usar marcadores velhos e falhando
- Escrever com letras minúsculas, difíceis de ler ou muito juntas
- Usar a página inteira, de forma que a parte inferior seja difícil de ver do fundo da sala
- Não preparar com antecedência as folhas que serão necessárias e, assim, perder muito tempo da apresentação escrevendo
- Usar no *brainstorm* apenas um *flip chart*: você logo ficará sem espaço para escrever e facilmente se perderá

Usando projetores e *slides*

A popularidade das apresentações de PowerPoint praticamente eclipsou projetores e *slides* como ferramentas para apresentações, mas ainda há algumas ocasiões em que é necessário usá-los, portanto, é melhor saber como.

Crie as condições adequadas

Se for usar *slides*, a sala precisa ser escurecida, correndo-se o risco de espectadores cansados ficarem tentados a cochilar. Evite isso deixando a sala bem ventilada e não muito quente. Escuridão também significa que o apresentador não será visto, o que – apesar de parecer uma vantagem caso você seja tímido – indica que o impacto da palestra deve ser causado apenas por imagens e falas. Certifique-se de tê-las redigido com cuidado, e, se você estiver se apoiando em anotações, busque alguma luz para que consiga lê-las na sala escura. Muitas livrarias vendem lanternas que são presas

---

TÉCNICAS *para* praticar

Se você não estiver familiarizado com projetores e *slides*, ensaie bastante com antecedência para garantir que sua apresentação seja profissional. Trabalhe os seguintes pontos:

1 Ensaie sua fala com a ordem dos *slides* – o fato de você não poder ser visto não significa que seja aceitável ler a apresentação.

2 Não fique tentado a exagerar e apresentar um novo *slide* a cada dois segundos; utilize-se de poucas e significativas imagens em vez de um monte delas.

3 Se usar apenas alguns *slides*, desligue o projetor ou cubra a lente entre cada *slide*, para que os espectadores não fiquem com os olhos ofuscados por uma tela branca.

4 Lembre-se de desligar o projetor (e acender as luzes) se sua apresentação for terminar com uma conversa, para que você não precise competir com o ruído do aparelho.

> **DICA** Quando um *slide* tem vários itens, só mostre o texto ao falar sobre ele – caso contrário, o público poderá lê-lo e chegar aos argumentos antes de você.

em livros para leituras noturnas; uma prancheta equipada com uma dessas facilita a leitura no escuro, sem chamar muito a atenção.

Mantenha a sequência

Projetores podem ser posicionados de forma que você fique entre os espectadores ou atrás deles, e nem sempre é necessária uma sala escurecida, o que os torna uma alternativa melhor para pequenas apresentações que gerem debate. Na prática, uma apresentação com transparências é similar a uma com *flip chart*, mas, como transparências são lidas e apresentadas uma de cada vez, é mais fácil modificar a sequência ou tirá-las da ordem. Se seus acetatos têm uma folha de proteção, retire-as antes da apresentação e mantenha-os em ordem numa pasta. Você pode também adicionar anotações nas laterais de cada um para lembrá-lo dos pontos-chave. Uma alternativa é fazer cada novo ponto num acetato limpo e colocá-lo sobre o anterior, enfatizando que você está construindo uma imagem ou argumento.

Mantenha o suspense em suas apresentações

- Ao apresentar transparências com itens, não revele todo conteúdo do acetato de uma única vez
- Cubra, com uma folha branca, os pontos da parte inferior da lista; de início, apenas o cabeçalho deve ser visto
- Ao falar sobre cada novo ponto, exponha-o puxando a folha para baixo
- Peça que o público tente adivinhar qual o próximo ponto antes de revelá-lo. Conquiste a atenção deles e construa uma expectativa

Usando indicadores e suportes

Um suporte físico é qualquer coisa que ajude a reforçar seu argumento ou adicione humor. Se estiver apresentando um produto, faz sentido trazê-lo consigo e mostrar aos espectadores o que você está falando.

Use seus suportes de maneira eficaz

Usado a seu favor, um suporte físico pode ajudar a fixar um ponto ou a tirar o foco de você como apresentador. O risco que ele representa é distrair o público, a não ser que você consiga deixar claro, rápida e facilmente, sua relevância para os espectadores. Elaborar suportes que exijam muita explicação não serve para seu propósito – divertir e entreter o público –, e você corre o risco de parecer o assistente do suporte, em vez do inverso. Se tiver dúvidas quanto à vantagem de um suporte, chame um colega para assistir a uma demonstração feita por você.

Estudo de caso: oferecendo uma prova visual

Sunil, um arrecadador de recursos, fazia apresentações regulares sobre tecnologia acessível para o Terceiro Mundo. Ele percebeu que seus inúmeros argumentos a favor da conveniência ou mesmo da possibilidade de computadores baratos estavam ficando desgastados para grupos cansados de escutar apelos por verbas – precisava de um suporte para convencê-los. Na apresentação seguinte, pôs um *laptop* amarelo-berrante sobre a mesa e anunciou que ele podia ser vendido por menos de 100 dólares. Apesar de estar apenas mostrando um modelo que a equipe técnica montara, a máquina amarelo-berrante chamou a atenção do público.

- *Para Sunil, bastava agora perguntar: "Quem é o único que NÃO vai investir?" Aprendeu que mesmo um suporte puramente visual possibilita resultados excelentes.*
- *Para o público, ver o protótipo fez a apresentação de Sunil parecer real; em vez de um objetivo teórico, ele mostrava-lhes uma realidade e assim eles ficaram motivados a ajudá-lo a fazer acontecer.*

Habilidades de apontar

Em certa época parecia que todo palestrante tinha um indicador telescópico que, durante toda a apresentação, era ruidosamente batido no quadro branco, *flip chart* ou tela. Numa boa apresentação, não é preciso ter um indicador para enfatizar argumentos. Construa-os com itens ou transições em vez de ficar batendo com o indicador. O mesmo se aplica a qualquer outro suporte físico. Mostre-o aos espectadores, mas resista à tentação de usá-lo quando devia estar falando sobre ele. Quando ele tiver cumprido sua função, deixe-o de lado, em lugar em que não irá tirar a atenção do que você ainda tem a dizer.

Lasers **não atrapalham** Pequenos, discretos e fáceis de usar, possibilitam que a plateia atente para o que é necessário – a sua apresentação.

DICA Se de fato precisar de um indicador, utilize um *laser* que caiba discretamente em sua mão, produzindo um ponto vermelho-brilhante na imagem.

Usando o PowerPoint

Softwares tomaram conta do mundo das apresentações, e não sem motivos. O programa mais conhecido é o PowerPoint, que oferece um arsenal poderoso de funções para adicionar impacto em apresentações.

Saiba balancear

A desvantagem é que o PowerPoint facilita exageros. Suportes visuais devem servir para ajudar o apresentador a convencer, mas não podem ser toda a apresentação. Mesmo que esteja usando PowerPoint, você deve ser o foco – falando e oferecendo informações. Se cair na armadilha de colocar toda a essência de sua apresentação na tela, é melhor imprimir todo o texto, distribuir para o público e ir embora.

> O *software* deve simplificar a apresentação em vez de complicá-la

Coloque na ordem correta

Uma função útil do PowerPoint (também presente na maioria dos outros *softwares*) é a "Classificação de *slides*" no menu "Exibir", que permite ver todas as telas de uma vez e ter um panorama da apresentação, sendo bom para verificar se há uma progressão lógica do início ao fim. Como mostra todos os *slides* em miniatura, você pode ver se está inserindo informação demais ou estragando o efeito geral. Se for possível ler os textos em tamanho reduzido, isso significa que eles contêm a quantidade exata de material. Se não puder, analise-os para descobrir se a fonte está muito pequena ou se há muitas palavras brigando por espaço.

DICA Use efeitos de transição, mas seja simples. Por exemplo, uma mudança gradual de uma tela para outra é bastante eficaz.

Utilizando bem o *software* de apresentações

Qualquer pessoa acostumada a assistir a apresentações logo reconhecerá criações exageradas em PowerPoint, com longas sequências de *slides* e vários efeitos espalhafatosos. Eis como aproveitar o *software* ao máximo:

→ Fragmente – quanto menos *slides* melhor, mas não se for necessário comprimir ideias neles. Cinco *slides* com um argumento cada será algo muito mais fácil de lidar do que um *slide* com cinco argumentos.
→ Indique o que virá a seguir – use *slides* como "divisões de capítulos", para separar seus argumentos e apresentar as informações em segmentos menores.
→ Diminua – *slides* devem conter, basicamente, itens que resumam os argumentos que estão sendo apresentados verbalmente.
→ Acima de tudo, a regra básica – qualquer coisa que tenha mais do que uma única linha de texto deve ser dita, não lida.

Peça a opinião de um colega Uma grande vantagem do formato PowerPoint é a possibilidade de ser visto na tela, ficando fácil solicitar uma segunda opinião.

use a CABEÇA

Mesmo que seus *slides* tenham mais texto do que figuras, você os aproveitará melhor se pensar neles como "figuras" de sua apresentação.

Pode-se fazer uma analogia com um livro infantil – as palavras estão lá para serem lidas e os desenhos as apoiam. Da mesma forma, seus *slides* apoiam as palavras, sendo as "figuras" da apresentação, mas lembre-se de que o roteiro é o principal de uma apresentação; *slides* devem apoiá-lo, não desviar a atenção.

Faça o texto funcionar

Lembre-se de que a chave é saber contar histórias e de que as pessoas querem ouvir seu texto, não lê-lo. Qualquer palavra na tela deve ter uma das seguintes funções:

- Um resumo ou recapitulação
- Um lembrete para o apresentador
- Um fato-chave ou imagem para enfatizar algo ou provocar debate
- Uma citação, quando você quiser deixar claro que está usando a fala de outra pessoa.

Textos devem ser falados, não lidos

Uma das maneiras mais seguras de destruir qualquer apresentação é colocar o texto na tela e então ficar ao lado lendo-o alto. Nunca faça isso: é inútil, tedioso e insulta a inteligência dos espectadores, tudo ao mesmo tempo.

DICA Use o corretor ortográfico. Nada causa pior impressão tão rapidamente quanto uma palavra escrita de modo errado numa projeção.

Seja breve

Quanto menos texto numa apresentação melhor, mas cuidado: quanto menos palavras houver, mais peso elas terão. Efeitos retóricos, como a técnica do três (por exemplo, "vim, vi, venci" ou "sangue, suor e lágrimas"), são especialmente eficientes em apresentações. Três *slides* contendo os títulos "O Bom", "O Mau" e "O Feio" serão mais lembrados do que toda uma sequência discutindo os lados bom e mau de uma resenha. Não se esqueça da importância da gramática e da ortografia corretas e de que *softwares* vêm com corretores ortográficos e gramaticais. Se quiser ter certeza, solicite a um amigo que revise sua apresentação. Às vezes você olhou tantas vezes para os *slides* que não consegue mais ver o texto com clareza, e é bastante útil ter alguém que possa certificar que está tudo certo.

Diagrame bem o texto

Escolha a fonte e a cor do texto com cuidado. Como o texto, numa apresentação, funciona como figura, a fonte escolhida é mais importante do que num documento qualquer. Por exemplo, uma fonte gótica em preto, ou uma clássica como a Times, pode parecer autoritária, enquanto a Comic Sans numa cor clara será comunicativa e vívida.

→ Use apenas uma fonte. Misturar fontes cria confusão visual e pode se transformar em uma montagem de letras diferentes – conhecida como estilo "carta de sequestro".
→ Itens indicados com pontos funcionam, mas não são a única saída. Para causar maior impacto, experimente colocar um único argumento em cada *slide*.
→ Tudo que pareça apertado estará confuso. Deixe espaço duplo entre as linhas e tente manter o texto no centro da tela, não a preenchendo de cima a baixo.

Aproveite as imagens

Como visto, numa boa apresentação, até mesmo um texto pode funcionar como imagem. Portanto, faz sentido também utilizar gráficos para aumentar o apelo visual da exposição. Há uma enorme variedade de opções para dar vida: diagramas ou gráficos, *clip-art*, fotos ou plano de fundo.

Use gráficos *Softwares* bons e fáceis de usar produzem gráficos que parecem profissionais e ajudam a apoiar qualquer estatística ou dado que você precise apresentar.

Explore as capacidades do *software*

Atualmente, *softwares* de apresentação, planilhas e até processadores de texto apresentam ferramentas para montar gráficos. Assim, antes de apresentar um *slide* cheio de números, experimente ver se um gráfico fará os dados ficarem dançando na tela. O truque é priorizar a clareza. Os eixos de um gráfico de barras devem deixar claro o que a barra significa, e qualquer informação solta nas laterais deve ser cortada. Diminua ao máximo o texto ao redor da "pizza" num gráfico de *pizza*. A melhor maneira de fazer isso é colocar as porcentagens nas próprias fatias.

Encontre *clip-arts* originais

Seu *software* certamente veio com uma boa quantidade de *clip-arts*. Eles funcionam bem para coisas básicas, como pontos, bombas (para causar impacto) e balões (para fala). Mas, para algo mais chamativo, vale a pena vasculhar mais ou você correrá o risco de usar os mesmos exemplos dos palestrantes que vieram antes e dos que virão depois. Digite *"clip-art"* num *site* de busca, como o Google, e encontrará uma grande quantidade deles *on-line*. Não misture estilos, ou sua apresentação ficará confusa, e não a encha de imagens e desenhos, ou causará um efeito de história em quadrinhos. Verifique também se as imagens que pretende utilizar são de uso livre.

Crie seus próprios planos de fundo

É fácil adicionar imagens usando o menu "Inserir". Pegue uma câmera digital simples e capture imagens de locais interessantes, ou até dos espectadores na sala, o que ajuda a adaptar sua apresentação. Os melhores planos de fundo são os simples, que não atrapalham, mas não necessariamente são em branco e preto. Deve-se sempre, durante a apresentação, procurar consistência e legibilidade. Um gradiente de cor, por exemplo, pode parecer bom, mas é inútil se faz a última linha do texto misturar-se com o plano de fundo. Usar uma imagem esmaecida ou apagada como fundo pode ser eficiente e criar um visual interessante, mas cuidado para não desperdiçar seu precioso texto deixando-o ilegível. Para criar um fundo com imagem esmaecida, selecione "Figura" no menu "Inserir", escolha a imagem e insira-a no *slide*. Então selecione "Tom claro" no ícone "Cor" e você pode transformar a imagem numa versão mais sutil, fosca, perfeita para ficar sob o texto.

DICA Depois de adicionar os efeitos desejados, verifique toda a apresentação. Se parecer sobrecarregada, edite-a para ficar mais simples.

Resumo: usando PowerPoint

Recursos visuais podem dar um brilho a uma apresentação, porém é bem fácil deixar que eles tomem conta do momento. Faça o PowerPoint ajudá-lo a apresentar, mas não deixe de ser a atração principal da palestra. Use este resumo para aproveitar ao máximo o *software*, dando uma aparência profissional à apresentação, mas sem exageros.

Usando bem o PowerPoint

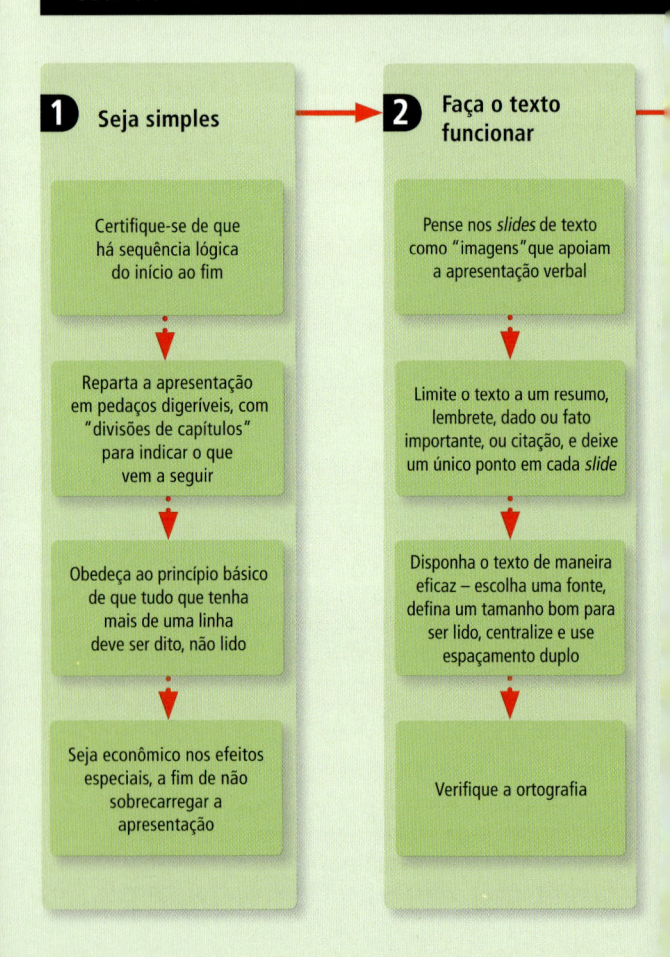

1 Seja simples

- Certifique-se de que há sequência lógica do início ao fim
- Reparta a apresentação em pedaços digeríveis, com "divisões de capítulos" para indicar o que vem a seguir
- Obedeça ao princípio básico de que tudo que tenha mais de uma linha deve ser dito, não lido
- Seja econômico nos efeitos especiais, a fim de não sobrecarregar a apresentação

2 Faça o texto funcionar

- Pense nos *slides* de texto como "imagens" que apoiam a apresentação verbal
- Limite o texto a um resumo, lembrete, dado ou fato importante, ou citação, e deixe um único ponto em cada *slide*
- Disponha o texto de maneira eficaz – escolha uma fonte, defina um tamanho bom para ser lido, centralize e use espaçamento duplo
- Verifique a ortografia

3 Crie efeitos impactantes

Use gráficos para dar vida a dados e estatísticas – acima de tudo, privilegie a clareza

Melhore o apelo visual da apresentação com *clip-arts* e imagens, mas evite um efeito de quadrinhos

Experimente utilizar como plano de fundo imagens apagadas que tenham relação com o público

Adicione sons que possam ser imediatamente reconhecidos para reforçar uma mensagem ou servir de transição entre *slides*

4 Personalize a apresentação

Faça da primeira página uma capa apresentando o assunto, com local, data e algum logotipo relevante

Utilize exemplos de acordo com o mercado ou a profissão dos espectadores

Aproveite fotos do público, talvez como *slides* "escondidos" para quando precisar mudar o ritmo

Insira um videoclipe relevante, como uma mensagem concisa e direta de um "palestrante convidado"

RESUMO: USANDO POWERPOINT

Sons e animações

Sons e vídeos são tão fáceis de inserir quanto um *clip-art*. Agora que é possível fazer vídeos até em celulares, é surpreendente que poucas apresentações se utilizem desses recursos – eles podem criar dinamismo.

Adicione som

Para adicionar som a *slides* de PowerPoint, vá ao menu "Inserir", selecione "Filme e som" e escolha um efeito. Adicione-o a um *slide* (o *software* dará a opção entre tocar automaticamente ou apenas quando clicar sobre ele). Escolhido com cuidado, é incrível como muitos sons são facilmente reconhecíveis. Sons como o "Duh" de Homer Simpson ou buzinas de programas de televisão (melodiosas para respostas certas e de pancadas para erradas) são maneiras fáceis de dizer o que se quer. Também podem ser ligados a transições, a fim de que o *slide* seguinte seja "anunciado" por um efeito sonoro. Se sons são fator importante numa apresentação, verifique o volume e sua qualidade antes de começar.

Estudo de caso: usando efeitos clássicos

Dolores estava apresentando um esquema-piloto de técnica de vendas em massa, e os resultados da pesquisa de campo foram espetaculares. Ela queria de alguma maneira chamar a atenção dos espectadores, mas eles estavam acostumados a textos dançantes e outros truques de PowerPoint. Assim, Dolores copiou um truque clássico de filmes em que manchetes de jornais aparecem girando antes de "bater na mesa" com um baque. Para recriar o efeito, precisava apenas de uma "manchete" animada e um som de um jornal pesado sendo jogado sobre uma mesa.

- *O efeito causou um murmúrio de interesse, pois os espectadores reconheceram a referência.*
- *Dolores aprendeu que vale a pena procurar efeitos, além dos disponíveis no programa, para encontrar uma maneira adequada de transmitir sua mensagem.*

OS SUPORTES

DICA Se você estiver usando música ou vídeo, veja se são livres de direitos autorais. O uso não autorizado de material protegido pode criar sérios problemas.

Adicione vídeo

Além de som, videoclipes podem levar sua apresentação a novas dimensões. Um vídeo pode ser uma maneira simples de introduzir "convidados" à sua produção: muitos chefes ocupados, que não teriam tempo de contribuir ao vivo com sua palestra, se disporiam a arregaçar as mangas e dar alguns minutos de seu tempo para fazer um vídeo curto – principalmente se você planejar com antecedência e encontrar um horário conveniente para eles. Pense nos discursos de agradecimento de vencedores que não puderam comparecer às cerimônias. Vídeos são também um jeito eficaz de exibir produtos ou serviços. Se alguma novidade fizer parte da apresentação, um vídeo curto no estilo de um documentário ou reportagem pode ser um bom meio de introduzi-la. Também é fácil produzir textos animados no PowerPoint. Clique em "Apresentação de *slides*", "Apresentações personalizadas" e "Adicionar efeito". Se quiser causar mais impacto, pode-se selecionar um efeito e aplicá-lo ao texto.

Convide um cliente para falar a seu favor

- Não há nada mais convincente do que um testemunho, em vídeo ou áudio, de um consumidor

⇩

- Use a filmadora – ou o celular – para fazer um vídeo simples, em plano americano, de um consumidor expressando sua satisfação

⇩

- Inclua este clipe num *slide*, adicione legendas e deixe os resultados falarem por si

⇩

- Os espectadores responderão bem a "um deles" expressando opiniões positivas

SONS E ANIMAÇÕES

Aproveite dicas profissionais

A ubiquidade de apresentações em PowerPoint significa que, se você basear sua palestra em *slides*, pode acabar sendo apenas mais um. Eis alguns truques dos profissionais para conquistar e manter a atenção.

Personalize a apresentação

Há muitas maneiras de fazer isso, mas uma das melhores, em qualquer situação e com qualquer público, é deixar claro que aquela apresentação foi preparada especialmente para eles. O inverso também vale: se os espectadores começarem a sentir que você está realizando uma apresentação padrão, não prestarão atenção. Assim, mesmo que esteja realizando uma apresentação-modelo, é melhor adequá-la com cuidado.

Leve sua apresentação consigo

Pen drives são baratos e pequenos, cabem até no bolso, e têm capacidade para armazenar grandes apresentações, além do *software* para visualizar PowerPoint. Você pode levar consigo uma apresentação instantânea onde quer que esteja. Isso oferece várias vantagens:

→ Você não precisa se preocupar em levar seu computador; pode simplesmente ligar o *pen drive* em qualquer máquina.
→ *Pen drives* funcionam tanto em Mac quanto em PC, não sendo necessário se preocupar com compatibilidade.
→ Fazer aparecer um *pen drive* do bolso é mais elegante (e muito mais leve) do que transportar seu computador.
→ Um *pen drive* também serve para armazenar o roteiro, assim, se der algo errado com o original, você tem um plano B. Certifique-se de ter a última versão armazenada.

Com os avanços tecnológicos tornando tudo menor e mais leve, é capaz que o *pen drive* se torne a ferramenta de apresentações do futuro.

TÉCNICAS *para* praticar

Se você realiza apresentações com frequência, há muitas maneiras simples de realmente personalizá-las, deixando-as sempre com cara de novas:

1 Faça do primeiro *slide* uma "capa", indicando o assunto, a data e os nomes dos presentes ou o nome da empresa.

2 Solicite ou escaneie o logo da empresa com antecedência e insira-o nos *slides* ou use-o como um plano de fundo transparente. Não use imagens de resolução muito baixa, pois ficarão pixeladas e ilegíveis quando projetadas numa tela.

3 Escanear ou incorporar *clipping* sobre a empresa é uma maneira simples de mostrar que você está ciente do que anda acontecendo.

4 Inclua fotos dos espectadores. Se forem seus colegas de empresa, isso é fácil, mas, caso não, você pode usar uma câmera pequena ou celular para fotografar as pessoas antes da apresentação e adicionar as fotos.

Ganhe mais tempo

Slides ocultos possibilitam que você se proteja caso precise ganhar tempo. São *slides* que ficam reservados – não aparecem a não ser que se aperte o botão. Prepare o *slide* secreto com antecedência, então vá em "Apresentações de *slides*" e clique em "Ocultar *slide*". O *slide* aparece na sequência das páginas, mas só surgirá para os espectadores se você quiser. Para usá-lo, coloque-o logo depois daquele que você acha que talvez necessite de material extra. Ao chegar no *slide* anterior a ele, apenas aperte "h" para revelar o oculto.

DICA Apertar "e" no PowerPoint escurece a tela (pressione "e" novamente para voltar). Use isso para desligar por momentos quando estiver divagando.

5
O público

É possível que apresentadores inexperientes ou nervosos achem difícil superar o medo de apresentar. Totalmente centrados na apresentação, nem pensam no público. Contudo, adequar a apresentação aos espectadores vai torná-la mais útil, garantirá maior receptividade e até transformará os ouvintes em seus auxiliares. Neste capítulo você aprenderá a:

- Reconhecer a expectativa de um público e dar a ele o que quer
- Interagir com os espectadores
- Enfrentar perguntas com confiança
- Lidar com chatos
- Avaliar as reações e sair de maneira agradável e profissional

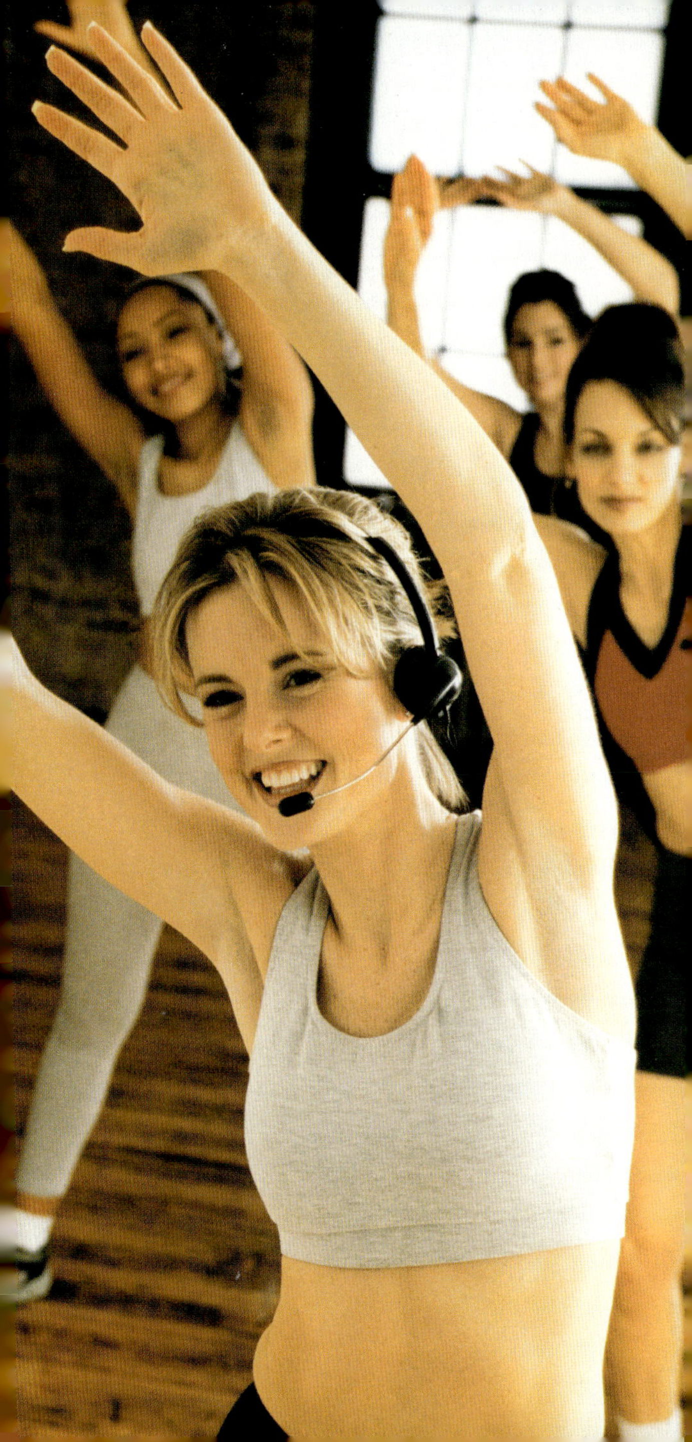

Reconheça as expectativas

Se você fez a lição de casa perguntando-se "Quem?", "O quê?" e "Por quê?", terá então uma boa ideia de quem são os espectadores e por que eles estão lá. Agora você precisa conhecer suas expectativas.

Prepare-se com antecedência

Tente prever as expectativas do público antes da apresentação. Se puder conseguir uma lista dos participantes com dados de contato – se for se apresentar num grande encontro ou conferência, o organizador deve poder fornecer isso –, envie-lhes um *e-mail* perguntando o que esperam aprender com sua palestra. Caso receba respostas úteis, ficará mais fácil adequar o conteúdo e fazer uma apresentação de acordo com as expectativas, mas, mesmo que não receba, seu *e-mail* indicará que pretende adequar a apresentação a eles, e isso já poderá deixá-los mais receptivos.

> **Crie empatia com o público e ganhe sua atenção**

Apresente como se fosse individualmente

Numa apresentação pequena ou informal, antes de iniciar, você pode dirigir-se a indivíduos-chave e pedir-lhes a opinião a respeito dos tópicos que irá discutir. Uma pequena lisonja, dizendo que gostaria de saber o que acham, ajudará. Isso permite que se ajustem os tópicos e também garante que pessoas-chave, reconhecendo suas contribuições à apresentação, fiquem mais dispostas ao tema e a você. Antes de prosseguir, converse com os espectadores. Você terá uma ideia de como eles estão se sentindo – interessados, entediados ou até mesmo irritados – e poderá inserir seus nomes na apresentação. Por exemplo: "Sei que alguns de vocês, como Mira, estão mais interessados em X do que em Y." Isso ajuda a afastar a impressão de que está apenas despejando informação e ideias e mostra que levou em consideração suas opiniões. No mínimo, Mira ficará acordada e ouvindo com atenção.

DICA Se os espectadores parecerem desinteressados, pergunte o motivo a um deles, solicitando opiniões. Isso irá acordar todos.

Faça autoavaliações durante a apresentação

Durante a apresentação, não pare de observar a sala, tentando ler o ânimo do público. Transições não são apenas uma técnica de PowerPoint – também possibilitam um instante para fazer uma pausa e avaliar se está indo muito rápido ou muito lento. Por exemplo, você pode dizer: "E isso é tudo sobre mudanças administrativas; estão todos satisfeitos, antes que eu passe para a metodologia?" Além de aumentar o nível de interação, isso ajuda a dividir a apresentação na cabeça dos espectadores, deixando-os atentos à próxima seção.

use a CABEÇA

Tente adivinhar o ânimo dos participantes solicitando-lhes uma avaliação – no processo, pergunte-lhes o que gostariam de ouvir e o que estão aprendendo com a apresentação.

- Perguntar a todos por que estão lá funciona como um grande exercício de aquecimento. Ajuda as pessoas a pensar sobre o que gostariam de aprender.
- Os espectadores ficarão surpresos quando você se dirigir a eles de maneira tão direta – e isso significa que terá a atenção deles.
- Opinar em voz alta pode dar aos outros uma ideia sobre o valor do que você está mostrando.

Mesmo que a resposta seja que estão lá porque os obrigaram (e pode muito bem ser isso), perguntar ajudará a diminuir qualquer raiva que possam ter de você por causa disso.

RECONHEÇA AS EXPECTATIVAS

Entre no personagem

Na seção "Quem", você se perguntou quem é para os olhos do público. Você pode ser o líder, a autoridade, o humorista ou "um dos nossos". Agora é hora de assumir seu papel.

Identifique-se

O fato de os espectadores o conhecerem, ou não, é um dos fatores-chave para definir quem você será. Pode ser confortante apresentar-se para pessoas conhecidas, mas isso também significa que seu personagem já está definido. Se você for visto como um novato, talvez seja difícil exigir respeito e realizar a apresentação com autoridade. Por outro lado, pode ser sua chance de criar uma nova imagem. Para aproveitar melhor a oportunidade, faça algumas perguntas:

- Como essas pessoas me veem?
- Como avaliam minha autoridade?
- Como avaliam meu nível de conhecimento?

Traga um especialista Se acha que uma voz mais experiente ajudará em certos pontos da apresentação, traga um orador convidado.

Dê autoridade a si mesmo

Se você quer comandar o público, mas se imagina que os ouvintes podem não o considerar alguém com autoridade, pegue-a emprestada de alguma maneira.

→ Envolva "estrelas convidadas", mesmo que citando membros mais experientes da equipe.
→ Reforce suas afirmativas ou argumentos com referências precisas a especialistas ou eventos, deixando claro que pesquisou muito antes.

Por outro lado, se você achar que pode ser visto como alguém intimidante, traga alguns elementos mais descompromissados.

→ Evite contar piadas – em vez disso, tente abrir com uma referência a alguma fonte menos séria.
→ Começar com uma notícia relevante do jornal do dia ou uma referência a uma fofoca de celebridades é uma maneira eficaz de aliviar o tom.

Por fim, você deve avaliar com cuidado como esses pontos afetarão seu impacto entre os espectadores. Se for conhecido como alguém afável, "um dos nossos", talvez funcione a seu favor quando estiver apresentando novos procedimentos ou regras de seus superiores. Por outro lado, pode ser ruim se estiver apresentando suas próprias ideias.

Use humor com sabedoria

Apesar de ser agradável ouvir a risada do público, lembre-se de que é sua mensagem, não o seu charme, que deve vir em primeiro lugar. Em vez de contar piadas, use anedotas ou *slides* para apresentar coisas divertidas que outras pessoas fizeram, afastando-se assim do motivo do riso.

> **Nós nos comunicamos com paixão, e a paixão convence.**
>
> Anita Roddick

Interaja com o público

Se você já assistiu a um *show* em que espectadores são levados ao palco, terá notado que a atmosfera muda instantaneamente quando as pessoas se dão conta de que podem ser convocadas a ser um participante ativo.

Introduza o inesperado

Realizada de maneira adequada, uma pequena interação com o público pode:

- Afastar o foco de você
- Garantir 100% de atenção do público
- Mostrar que adaptou o tema aos espectadores

Trazer espectadores para a frente tem dois efeitos: significa que você não está mais sozinho ali e deixa todo mundo preocupado com a possibilidade de ser o próximo a ser chamado. Bem realizado, também pode ser bastante divertido. Pense nas seguintes maneiras de fazer os espectadores participar da apresentação:

- Solicite um voluntário – seja para escrever no quadro ou para servir de cobaia em algum momento da apresentação, funciona como um suporte para você.
- Selecione cobaias aleatoriamente – isso manterá todos acordados tentando descobrir quem será o próximo a ser convocado.
- Leia alto os nomes dos presentes e traga-os para responder perguntas, explicar um ponto de vista ou participar de um jogo improvisado.
- Prenda envelopes sob os assentos e chame as pessoas sentadas neles para realizar uma tarefa ou para ajudá-lo, dependendo do conteúdo do envelope.

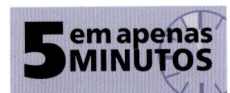

---

5 em apenas MINUTOS

Mantenha o controle durante os jogos ou encenações inseridas na apresentação:

- Gaste um ou dois minutos explicando o que acontecerá antes de trazer as pessoas para a frente.
- Se for necessário, gaste mais um minuto para reagrupar ou acalmar as pessoas durante as sessões de jogos ou encenações.

DICA **A primeira apresentação após o almoço é a que mais corre risco de os espectadores cochilarem. Comece com algo impactante e deixe claro que haverá interação.**

Envolva todos os espectadores

Nicholas Negroponte, professor de tecnologia de mídia no MIT, realiza longas palestras sobre comunicação. Uma de suas interações é solicitar que todos os espectadores batam palmas a fim de ver quanto tempo leva para que o façam de forma ordenada (o que acontece surpreendentemente rápido, em geral em menos de 1 minuto). Trata-se de um pequeno truque para enfatizar um argumento sobre nossa habilidade de harmonizar e nos organizarmos mesmo com estranhos. Também possibilita envolver todo o público sem focar em nenhum indivíduo. Não exige suporte nem preparação e funciona com qualquer grupo de pessoas, de qualquer país ou cultura.

Estudo de caso: envolver voluntários

Jules, um professor universitário, realizava demonstrações científicas sérias, que eram recebidas com silêncio respeitoso, mas ele sentia a falta de envolvimento. Concluiu que faltava participação do público. Na apresentação seguinte, em vez de fazer a apresentação sozinho, solicitou a um espectador que segurasse uma linguiça, sobre a qual derramou nitrogênio líquido. A linguiça congelou e, enquanto o público registrava a situação, derramou nitrogênio líquido sobre sua própria mão. O público ficou assustado, mas logo se seguiu uma risada de alívio ao notarem que a mão não congelara. Sua "experiência" foi discutida com entusiasmo no cafezinho após a apresentação.

• *Jules percebeu que senso de humor e irreverência podem funcionar melhor com o público do que uma simples enumeração de fatos.*

• *O fato de a experiência ter usado uma cobaia mostrou ao público que mesmo ciência pode divertir e envolver.*

Use folhetos

Folhetos são suportes eficazes em apresentações e podem ser usados para encorajar o público a tomar nota e também para que lembrem de você e sua apresentação muito depois de terem saído da sala. Lembre-se de colocar os contatos, os seus e (quando for o caso) os de empresas e indivíduos mencionados na apresentação. Além disso, se você imagina que as pessoas tomarão nota, imprima apenas na metade superior da página, deixando espaço para que não precisem escrever nas margens.

> Folhetos devem apoiar uma apresentação, não repeti-la

Mantenha a atenção do público

Lembra-se da época da escola, quando a professora pedia para abrir o livro numa certa página e então ficava falando enquanto você lia? Não deixe isso acontecer na sua apresentação. Mesmo que queira usar folhetos que cubram a maior parte do assunto, crie momentos durante a apresentação em que se solicita ao público que deixe o folheto de lado e se concentre em você, não no papel. Se possível, entregue as folhas no meio da apresentação, não no início, garantindo assim que os espectadores não leiam antes de você falar.

Fique aberto a alternativas

Imprima toda a apresentação em PowerPoint e deixe-a à mão. Percebendo a reação do público, você poderá optar entre usar os *slides* de PowerPoint ou informar que não irá apresentá-los porque prefere falar informalmente. Qualquer coisa não mencionada durante a palestra estará na apresentação impressa, que poderá ser entregue para quem quiser ao final da apresentação.

DICA A maioria dos *softwares* possibilita imprimir vários *slides* numa única página.

Distribuindo folhetos

Avalie bem a maneira e o momento de distribuir seus folhetos. Você pode querer que todos comecem com um nas mãos ou, então, entregá-los ao final.

Talvez os folhetos sirvam como uma pausa ou transição, em que se interrompe a palestra para entregá-los. Você pode até tornar os folhetos parte da interação com o público, adequando alguns deles para certos grupos da plateia e convidando os participantes a descobrir onde estão seus folhetos corretos.

→ Não entregue uma impressão dos *slides* no início da apresentação: os espectadores se adiantarão à sua argumentação cuidadosamente planejada.
→ Um esboço da apresentação – apenas os títulos dos *slides*, por exemplo – pode encorajar os espectadores a tomar nota, o que pode ajudá-los a assimilar informação. Você pode fortalecer isso fornecendo um folheto completo com os *slides* depois.
→ Se escolher a segunda opção, não diga ao público; isso os desencorajará a tomar notas.

Mantenha a atenção dos espectadores em você Mesmo que os espectadores estejam tomando notas e olhando seu folheto, certifique-se de que é em você que eles prestam atenção.

Responda dúvidas

Haverá um momento em que o público desejará respostas, seja por meio de perguntas feitas casualmente ou numa sessão de dúvidas. Eis algumas dicas para ajudá-lo a respondê-las bem.

Pense com antecedência

Antecipe perguntas prováveis e prepare as respostas. Melhor ainda, se souber que há uma área sobre a qual sabe pouco, mas da qual um colega sabe muito, jogue as perguntas para ele – porém é melhor avisá-lo de que você fará isso. Considere incluí-lo como um "convidado especial" de sua apresentação. Se a pergunta e resposta parecerem estar se alongando, ou se for um tema complicado no qual você não quer se aprofundar, diga que é necessário mais tempo do que pode reservar nessa sessão de dúvidas e insista que ele deve ser "deixado de lado" para ser discutido depois.

Dê respostas honestas

Da mesma forma, se não souber a resposta de uma pergunta, não engane ou se esquive. Deixe claro que não sabe, mas que irá descobrir, prometendo responder depois a quem tiver perguntado. Se prometer responder depois, faça-o. Tome a iniciativa, procure a pessoa que fez a pergunta difícil, pegue o cartão dela ou dados de contato e marquem uma data para o retorno. E use esse

Como responder dúvidas

Elogie
a pergunta:
"Boa pergunta" ou
"Também tenho essa dúvida..."

⇩

Retorne
para seu próprio argumento:
"Exatamente por ter a mesma dúvida que você irei falar sobre..."

⇩

Comunique
Volte rapidamente para sua zona de conforto de informações e opiniões e siga a apresentação.

⇩

Se alguém interromper com uma pergunta, peça-lhe que deixe você terminar, para depois responder.

TÉCNICAS *para* praticar

Se você tem medo de enfrentar perguntas complicadas, eis algumas técnicas para experimentar. Você se sentirá mais confiante quando iniciar a sessão de dúvidas:

1 Você não pode pesquisar todas as perguntas possíveis. Escolha as dez ou quinze mais prováveis e foque-se nelas.

2 Avise um colega de confiança, que estará entre o público, de que você poderá chamá-lo se ficar momentaneamente intimidado.

3 Jogue a dúvida para os espectadores e convide-os a participar: "Eis uma pergunta interessante – será que algum de vocês tem uma opinião que gostaria de expressar?"

4 Se de fato não puder responder, admita – e ofereça-se para pesquisar depois, longe da atenção do público.

---

período para descobrir a resposta. Mesmo que, eventualmente, tenha de admitir que não conseguiu encontrar a resposta, você pelo menos parecerá sério e profissional – e não terá de admitir isso diante do resto do público.

Não tenha medo

Não tema a sessão de dúvidas. Ninguém gosta de ser pego no pé de apoio, mas, com frequência, isso ocorre por se estar desprotegido. Uma preparação cuidadosa o deixará pronto para perguntas e convidar outros para dividir o palco ou jogar a dúvida para o público, permitindo que você transforme as perguntas num debate informal, controlável, em vez de transformá-lo num alvo de perguntadores.

DICA "Boa pergunta" lhe dá tempo para pensar na resposta, mas acrescentar "é uma questão que interessa a todos nós" o fará parecer muito mais informado.

Resumo: interação com o público

Se você for um orador nervoso ou inexperiente, é bem fácil ficar introvertido e preocupado com a apresentação e acabar se esquecendo dos espectadores – contudo, eles são a razão de você estar lá. Use este resumo para ajudá-lo a quebrar a barreira entre "eu" e "eles" e a interagir com o público de uma maneira ativa e positiva.

Rotas para a interação

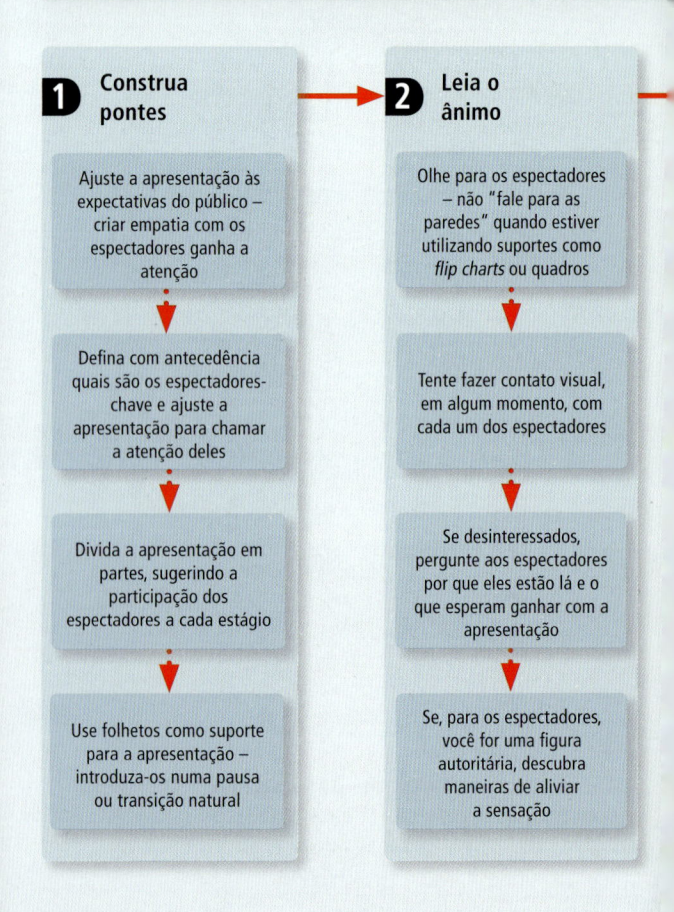

1 Construa pontes

- Ajuste a apresentação às expectativas do público – criar empatia com os espectadores ganha a atenção
- Defina com antecedência quais são os espectadores-chave e ajuste a apresentação para chamar a atenção deles
- Divida a apresentação em partes, sugerindo a participação dos espectadores a cada estágio
- Use folhetos como suporte para a apresentação – introduza-os numa pausa ou transição natural

2 Leia o ânimo

- Olhe para os espectadores – não "fale para as paredes" quando estiver utilizando suportes como *flip charts* ou quadros
- Tente fazer contato visual, em algum momento, com cada um dos espectadores
- Se desinteressados, pergunte aos espectadores por que eles estão lá e o que esperam ganhar com a apresentação
- Se, para os espectadores, você for uma figura autoritária, descubra maneiras de aliviar a sensação

3 Saia do foco

Envolva todos os espectadores – saber que podem ser convidados a participar os deixará alertas

Permaneça conectado ao público convocando um voluntário para escrever no quadro, caso esteja usando um

Use pessoas como cobaias para demonstrar um ponto – ou convide um "especialista" entre os espectadores

Faça algum truque para envolver o público – pode funcionar muito bem com espectadores cansados

4 Perguntas e respostas

Ouça a pergunta, agradeça e repita-a para que o público a compreenda

Mostre que fez sua lição de casa ao ser capaz de responder às perguntas mais previsíveis

Seja honesto se não puder responder – jogue a questão para um colega bem informado, envolva o público ou leve-a para responder depois

Após a apresentação, pesquise as perguntas difíceis para, então, dar um retorno

RESUMO: INTERAÇÃO COM O PÚBLICO

Lide com os chatos

Comediantes ridicularizam os espectadores chatos, mas não há essa opção em palestras profissionais. Políticos, por outro lado, têm de aceitar os chatos e lidar com eles, desde que não atrapalhem o que está sendo dito. Veja como.

Descubra quem está importunando

Nem todos os chatos são iguais. Se alguém começa a interromper a apresentação, tente descobrir se ele está apenas tentando chamar a atenção ou querendo dar uma opinião. Há dois tipos de interruptores – aqueles que interrompem sem intenção por cochicharem alto ou conversarem pelo celular e aqueles que realmente querem ser ouvidos, seja para apoiar ou agredir –, colaboradores muito entusiasmados que não conseguem aguardar a sessão de dúvidas ou pessoas que têm algum interesse em particular. Os últimos, para qualquer apresentador, são os mais difíceis de lidar.

Mantenha a calma

Nunca fique nervoso ou tente contra-argumentar – trata-se de uma apresentação, não de um debate, portanto, não se deixe levar pela emoção. Em vez disso, experimente fazer o seguinte;

- Com quem está cochichando ou falando ao celular, pode ser suficiente ficar em silêncio até que se perceba que você está aguardando-o terminar. Pode-se fazer isso com um sorriso. A própria consciência dele deve agir.

Escolha sua tática

ALTO IMPACTO	IMPACTO NEGATIVO
• Fazer o público rir de um chato	• Começar a discutir com um chato
• Deixar o chato isolado do resto do público	• Ser mal-educado ou entrar na discussão
• Insistir que as perguntas podem vir depois e seguir em frente	• Tentar ignorar o chato – e não conseguir

> **DICA** Solicite a quem fizer uma pergunta que diga seu nome, departamento e empresa, se for importante. Não responda a anônimos.

- Com interrupções deliberadas, indique de maneira firme, mas amistosa, que aquela é a sua apresentação. Uma forma bem-humorada de fazer isso é explicitamente verificar a agenda e confirmar que é a sua vez de falar, não a dele. Isso realça o comportamento egoísta de quem procura atenção, mas não de maneira agressiva.
- Indique que você não está mediando um debate. Ofereça-se para discutir o assunto depois.
- Com ouvintes realmente agressivos ou difíceis de lidar, peça ajuda. Pergunte a um espectador amigo – ou mesmo para todos, se tiver confiança na resposta que receberá – se tem a mesma opinião do chato. Chatos acreditam ser um de muitos, escolhendo você como alvo. Ao apelar para o público, você modifica isso, tornando-o o culpado por fazê-los perder tempo.

> Perguntas são a contribuição do público para qualquer apresentação

Lide com perguntas difíceis

O pesadelo de todo palestrante é um chato que sabe o que está falando, alguém que faz uma boa pergunta e o deixa na berlinda. Não entre em pânico. Mesmo que seja uma pergunta difícil, você não precisa necessariamente respondê-la – e, mesmo que tenha a resposta, não significa que seja o local certo de dá-la. Se houver uma pergunta crucial da qual tenha medo, pense quem seria a melhor pessoa para respondê-la e qual a melhor situação para o fazer: dificilmente será durante a apresentação. Assim, se a pergunta for feita, você pode indicar como encontrar aquela pessoa e, talvez, marcar uma reunião.

Saídas

A apresentação acabou. Mas foi um sucesso? Em alguns casos, como numa palestra de vendas, você saberá o resultado só nos próximos dias. Em outros, não há como saber, a não ser que defina alguns critérios e descubra se eles foram cumpridos.

Tenha *feedback*

O melhor retorno que você está buscando – conhecido pelos profissionais como "saídas" – tem a ver com o seu desempenho e maneiras de melhorar o material e a apresentação. Pelo menos, deve-se perguntar aos colegas e amigos: "Como me saí?" O problema é que aqueles para quem você tem mais coragem de perguntar em geral são os que costumam dar as respostas que você quer ouvir. Para saber a verdade, é necessário perguntar ao público não apenas o que acharam, mas descobrir se compreenderam a mensagem que se queria transmitir. Uma

Faça as perguntas certas

Muitas apresentações incluem um questionário de *feedback*, que normalmente é deixado sobre a cadeira para o participante completar e entregar. Sua utilidade depende da preparação das perguntas.

No mínimo, deve-se sugerir ao público que qualifique, de acordo com uma escala, o conteúdo, a apresentação e a satisfação.

→ Caixas para ticar e respostas sim/não não exigem muito. Assim, se houve um elemento da apresentação particularmente importante, construa uma pergunta específica que não possa ser respondida com "sim" ou "não" e sugira uma resposta pensada.

→ Faça um esforço para receber o retorno adequado (e seja visto fazendo-o) enviando, algum tempo depois, um *e-mail* com perguntas sobre a apresentação, para descobrir se as pessoas lembram-se algum tempo depois do que você falou.

Faça contatos no café A reunião após a apresentação é uma boa oportunidade de criar relacionamentos, assim como para ter *feedback* de sua apresentação.

forma de fazer isso é conversar com participantes, após a apresentação, para descobrir suas impressões. Essa é uma maneira fácil de ter *feedback* testemunhal, mas não serve muito se você realmente quiser saber o que as pessoas guardaram do que lhes foi dito; talvez seja melhor usar questionários.

Seja forte

É natural procurar algum porto seguro após a apresentação, mas você obterá melhores resultados se fizer exatamente o oposto. Conversar diretamente com os chatos e aqueles que cochilaram durante a apresentação mostra que você está comprometido com a tarefa e oferecendo uma segunda chance de convencê-los.

DICA **As chances de seu questionário ser respondido serão muito maiores se for oferecido um prêmio ou recompensa para aqueles que participarem.**

Saia com elegância

A apresentação não acaba apenas quando você chegou ao fim dos *slides*, resumiu os pontos e falou "obrigado". Para deixar uma impressão realmente boa, deve-se fazer mais algumas coisas.

Follow up após a apresentação

> O momento em que o público realmente lembra é o final

Responda às perguntas que surgirem. Se falou a alguém que cuidaria de alguma pergunta depois, procure-o após a apresentação. Resista à tentação de sair sem falar com ele.

Responda às perguntas que ainda serão feitas. É possível realizar uma apresentação motivadora e então estragar tudo ao se esquivar de espectadores que tentam falar com você para fazer mais perguntas (ou até mesmo para elogiá-lo). Não aja como uma diva – seja acessível e terá mais fãs.

Demonstre esforço para agradar. Você incorporou os interesses de indivíduos-chave? Então novamente dê mais atenção a eles e pergunte-lhes se você refletiu bem seus interesses e respondeu a suas dúvidas. Isso deixa claro que você

---

use a CABEÇA

Se você tem uma reunião marcada, mas não quer sair correndo ou de maneira grosseira da apresentação, planeje antecipadamente uma forma de sair com elegância.

- Diga ao organizador que terá apenas 40 minutos de folga após a apresentação e peça-lhe para colocar em fila as pessoas que queiram conversar.
- Também solicite ao organizador que o lembre de sair em tempo.
- Aqueles especificamente convidados a falar com você se sentirão VIPs. E se você for apressado pelo organizador, aqueles que não conseguiram conversar se sentirão bem menos frustrados.

> **Há sempre três palestras em cada uma: a que você ensaiou, a que você realizou e a que você gostaria de ter realizado.**
>
> Dale Carnegie

teve o cuidado de avaliar a resposta do público e pode também fornecer um material riquíssimo para a próxima apresentação.

Fique para o almoço. Se houver um almoço, *coffee break* ou coquetel após a apresentação, não troque o evento pela companhia agradável de amigos; fique e circule entre pessoas desconhecidas. Como os espectadores ficam mais relaxados em ambiente informais, há maior possibilidade de virem falar com você, de maneira mais agradável e positiva. É uma boa hora para reforçar sua imagem com o público.

Pense na próxima apresentação

Mesmo que esteja louco para se livrar, entenda que será inevitável uma próxima apresentação: muito raramente a primeira é também a última! Não se desligue, nem ignore os problemas ou o *feedback*, simplesmente porque prometeu para si mesmo "nunca mais". Se as coisas não acontecerem conforme o planejado, pense de maneira positiva como melhorar a sua presença e sua próxima apresentação.

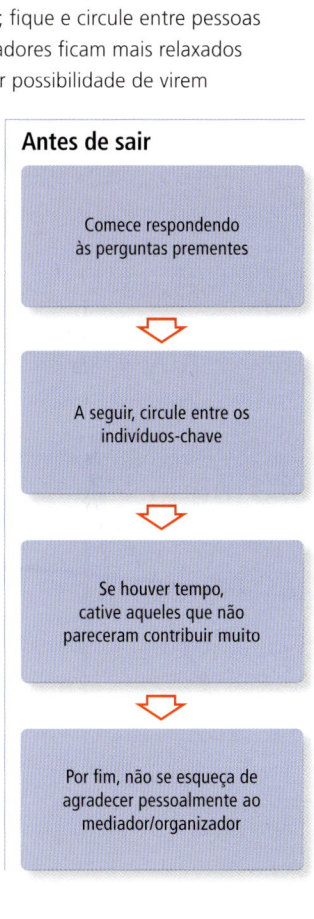

Antes de sair

- Comece respondendo às perguntas prementes
- A seguir, circule entre os indivíduos-chave
- Se houver tempo, cative aqueles que não pareceram contribuir muito
- Por fim, não se esqueça de agradecer pessoalmente ao mediador/organizador

SAIA COM ELEGÂNCIA

Índice

ambição, enfrentar 25
anedotas 35, 103
animações, adicionar 94, 95
apresentações filmadas, figurino 57
apresentações focadas 32-33
aproveitar o espaço da sala 68-69
Associação Profissional de Instrutores de Mergulho (PADI) 49
autoridade, emprestar 103
avaliação de benefícios 14

benefícios financeiros 14

celulares, interrupções por 63, 112
chatos
  retorno aos 115
  lidar com 112-113
checklists
  codificar apresentações 36, 37
  locais 22
checklists coloridos 36, 37
clareza
  controlar o tempo 49
  eixos de gráficos 90
  estrutura 36
  manter 60
clip-art 91
codificar apresentações 36, 37
colegas
  como suporte 76-77
  consultar 26, 29
  convidados especiais 76-77, 95, 103, 108
  eliminar o medo 61
  emprestar apresentações 20, 21
  envolver 43, 61, 63
  pesquisas 51
  vídeo 95
conclusão memorável 36, 44-45
confiança
  mudar o local 23
  rotinas finais 59
conteúdo da apresentação 30-51
convidados especiais 76-77, 95, 103, 108
cor do texto 89
corretor ortográfico, usar 88, 89
criar interesse 24

declarações de missão 17
direitos autorais
  clip-art 91
  sons e vídeos 95
duração da palestra 32-33

efeitos retóricos 89
eixos de gráficos, clareza 90
elogios, receber 14

ensaiar
  aperfeiçoar apresentações 50-51
  calcular o tempo 48
  eliminar o medo 61
  introdução 17
  linguagem corporal 66-67
  personalizar apresentações 97
  projetores e *slides* 82
  responder dúvidas 109
  uso do quadro branco 78-79
  verificar afirmações 43
especialistas
  descobrir 29
  suportes 77
espectadores 98-117
  adequar aos 21, 27, 96-97, 100, 104, 116-117
  amigos e familiares 51
  contatar 100
  enfrentar medos 25
  fotos dos 91, 97
  interação com 48, 100-101, 104-111
  pesquisar histórico 26-29
  quem?, o quê? e por quê? 16-21, 24
  reconhecer as expectativas 100-101
  reconhecer os papéis 16-17, 19, 102-103
estilo "carta de sequestro" 89
estrutura da apresentação 36-37
  sequência 40
exemplos, dar 42, 43
explicar medos 58

familiaridade com o local 22
fator "e daí?" 27
feedback, receber 51, 114-115
flip charts, uso de 80-81
fofoca de celebridades 43, 103
folhetos, uso de 106-107
fontes, escolha de 89

Gates, Bill 62
gráficos de *pizza* 90

honestidade, responder dúvidas 108-109
humor, uso de 34-35, 38, 103, 105

imagens 90-91
  animações 94, 95
  clip-art 91
  dos espectadores 91, 97
  flip charts 80
impacto
  apresentações focadas 32
  conclusão 44
  figurino 55
  flip charts 81
  lidar com chatos 112
  púlpitos 65
  últimos momentos de preparação 59

improvisos, preparação 62
incentivos, oferecer 24
indicadores, usar 85
internet, VER *sites*
introdução
   abertura impactante 36, 38-39, 44-45
   de que forma me beneficiarei disso? 41
   ensaiar 17
   motivo para ouvir 40

linguagem corporal
   andar ereto 68
   uso de 65, 66-67
local 22-23

medos
   eliminar 61
   enfrentar 25
   explicar 58
   responder dúvidas 108-109
Mencken, H. L. 35
mensagem
   adequada 55
   duração 89
   evitar em apresentações 15
microfones de lapela/rádio 70, 71
microfones em pedestal 70-71
microfones, usar 70-71
movimentação, aproveitar a sala 68

naturalidade, linguagem 33
Negroponte, Nicholas 105
nervosismo
   coapresentadores 77
   lidar com 58-61

objetivos
   determinar 14, 15
   específicos 15
originalidade 18-19

palestras motivacionais, humor 35
papéis, reconhecer 16-17, 19, 102-103
pen drives 96
pensar positivamente 14-15
perguntas
   começar com 39
   follow up 116
   identificar quem perguntou 113
   lidar com chatos 113
   responder 108-109
personagem 16, 104
personalizar apresentações 42, 96-97
pertinência da apresentação 24-25
pesquisa
   contatar espectadores 100
   histórico 26-29
   informações privilegiadas 17
   local 22-23

pesquisa de histórico 26-29
plano de fundo de *slides*, criação de 91
pontos de vista, compreender 16
pontos-chave
   estrutura 36
   humor 34
   resumo 36, 45
   seleção 33
PowerPoint 82, 86-93
   apagar a tela 97
   folhetos 106
   incluir som 94
   incluir vídeo 95
   pen drives 96
   slides escondidos 97
preparação 12-29
   antecipar problemas 62-63
   flip charts 80
   responder dúvidas 108, 109
problemas técnicos 62
problemas, antecipar 62-63
projetores, usar 82-83
publicação comercial 29
púlpitos
   microfones 70
   prós e contras 64-65

quadros brancos, usar 78-79
questionários, *feedback* 114, 115

racionalizar o medo 58
rede de hotéis 23
repensar 16
ritmo, manter o 42-43
rotinas finais 59, 61
ruído indesejado 63

saídas 114-115
saídas elegantes 116-117
satisfação na apresentação 14
sentenças, comprimento das 33
sites
   fonte de informações 28
   informações privilegiadas 17
slides
   escondidos 97
   usar 82-83, 86-91, 94
sons
   incluir 94-95
   indesejáveis 63
sorrir 66
suportes
   calcular o tempo 48
   usar 74-97

táticas de choque 38-39
teatro, praticar 64-65
Técnica do farol 69
técnicas de retórica 89
tempo, verificar o 48-49

trajes
  trocar roupas 57
  vestir-se para impressionar 54-57

vídeo
  de você mesmo 50 ,51
  incluir 94, 95

Créditos fotográficos

A editora gostaria de agradecer às seguintes pessoas e instituições por sua gentil autorização de reproduzir as fotos. Abreviações: (e) = esquerda, (c) = centro, (d) = direita, (a) = alto, (b) = baixo, (ce) = centro à esquerda, (cd) = centro à direita.

1: Real Life/The Image Bank/Getty (e), Adrian Turner (c), Adrian Turner (d); **2:** P. Winbladh/Zefa/Corbis; **3:** Adrian Turner (a), Adrian Turner (c), BananaStock/PunchStock (b); **5:** Anne Rippy/Iconica/Getty; **7:** Yellow Dog Productions/The Image Bank/Getty; **8:** Gerhard Steiner/Corbis (e), Masterfile (ce), Adrian Turner (cd), Photodisc/Getty (d); **13:** Take 2 Productions/Ken Kaminesky/Corbis; **18:** Gerhard Steiner/Corbis; **23:** Jean Louis Batt/Getty; **29:** Strauss/Curtis/Corbis; **31-37:** Adrian Turner; **41:** Alyx Kellington/Photolibrary.com; **46:** Richard Schultz/Taxi/Getty; **49-50:** Adrian Turner; **53:** Chris Hondros/Getty; **56:** Adrian Turner; **60:** Ronnie Kaufman/Corbis; **67:** Adrian Turner; **69:** Real Life/The Image Bank/Getty; **71:** Adrian Turner; **73:** Chris Hondros/Getty; **99:** Jose Luis Pelaez, Inc./Corbis; **102:** Masterfile; **107:** Comstock/Punchstock; **111:** Real Life/The Image Bank/Getty; **115:** Image100/Alamy.

Todas as outras imagens © Dorling Kindersley.

Para maiores informações veja www.dkimages.com

Sobre o autor

STEVE SHIPSIDE é escritor e consultor especializado em negócios e comunicações. Tem escrito muito sobre o assunto para jornais, incluindo *The Guardian*, *The Times* e *The Telegraph*, além de publicar diversos livros, incluindo *E-Marketing* (Capstone Express, 2001) e *Podcasting* (Infinite Ideas, 2005). Steve apresentou *Blue Chip*, um programa de negócios e tecnologia na Sky TV britânica.